CRACKING ECONOMICS

作者简介：

泰吉万·帕丁格（Tejvan Pettinger）曾就读于英国牛津大学玛格丽特夫人学堂（Lady Margaret Hall），研究经济学、哲学和政治学。他现居牛津，在格林斯学院（Greenes College）担任经济学教师，此前还在牛津切沃尔学院（Cherwell College）任职。他还是《经济评论》杂志的撰稿人。

译者简介：

李冬玫，昆明学院讲师，研究方向为政府经济学。

彭哲，加拿大Wilfrid Laurier University金融学博士在读，研究方向为资产定价和金融计量经济学。

杨亚慧，韩国建国大学经济学博士，安徽财经大学金融学院讲师，研究方向为国际经济学。

本书获安徽财经大学科研课题ACKY1831资助。

"知识新探索"百科丛书

THE CRACKING SERIES

经济学的世界

[英]泰吉万·帕丁格（Tejvan Pettinger） 著

李冬玫 彭哲 杨亚慧 译

电子工业出版社

Publishing House of Electronics Industry

北京·BEIJING

First published in Great Britain in 2017 by Cassell, a division of Octopus Publishing Group Ltd.

Carmelite House

50 Victoria Embankment

London EC4Y 0DZ

版权贸易合同登记号　图字：01-2018-3803

图书在版编目（CIP）数据

经济学的世界 /（英）泰吉万·帕丁格（Tejvan Pettinger）著；李冬玫，彭哲，杨亚慧译.
— 北京：电子工业出版社，2019.7
（"知识新探索"百科丛书）
书名原文：Cracking Economics

ISBN 978-7-121-36711-3

Ⅰ．①经… Ⅱ．①泰… ②李… ③彭… ④杨… Ⅲ．①经济学－青少年读物
Ⅳ．① F0-49

中国版本图书馆 CIP 数据核字（2019）第 108185 号

策划编辑：郭景瑶（guojingyao@phei.com.cn）
责任编辑：雷洪勤
印　　刷：天津画中画印刷有限公司
装　　订：天津画中画印刷有限公司
出版发行：电子工业出版社
　　　　　北京市海淀区万寿路 173 信箱　　邮编：100036
开　　本：787×980　1/16　印张：20　字数：320 千字
版　　次：2019 年 7 月第 1 版
印　　次：2019 年 7 月第 1 次印刷
定　　价：128.00 元

凡所购买电子工业出版社图书有缺损问题，请向购买书店调换。若书店售缺，请与本社发行部联系，联系及邮购电话：（010）88254888，88258888。
质量投诉请发邮件至 zlts@phei.com.cn，盗版侵权举报请发邮件至 dbqq@phei.com.cn。
本书咨询联系方式：（010）88254210，influence@phei.com.cn，微信号：yingxianglibook。

目录

INTRODUCTION 前言

经济学的起源

经济学关注的是稀缺资源的管理问题，即如何充分利用我们拥有的有限资源。"经济学"（economics）一词源于希腊文oikonomia，意思是"家庭管理"。

生产什么？
- 枪支
- 黄油

如何生产？
- 天然有机 手工制作
- 大规模生产 转基因食品

为谁生产？
- 让市场 决定
- 公平分配 给每个人

希腊哲学家色诺芬（Xenophon，公元前431年—公元前360年）用经济学一词来描述地主们如何有效地管理其土地。此外，色诺芬还提到了劳动分工和工人的专业化（给工人们分派特定的任务，让他们能够专注）。早期的希腊和罗马城邦还产生了私有财产的概念，而私有财产是资本主义的基本要素之一。

经济学成为我们所了解的学科，要到几个世纪以后；此前，考虑"经济问题"的通常是哲学家。例如，希腊哲学家柏拉图的《理想国》（Republic）是一则正义社会的宣言。柏拉图在书中构想出了"哲学家国王"（philosopher kings），他们以寻求一国福利最大化为目标。不过，柏拉图（逝世于公元前348年或公元前347年）似乎认为，自由市场并不能使国家福利最大化。

公元前7世纪左右出现了最早的货币。货币使社会从易物经济（如用7只母鸡换1把剑）发展为一个复杂的经济体系，人们可以在其中专门从事特定的工作，获得共同货币作为报酬。

另一名希腊哲学家、博学之士亚里士多德（公元前428年—公元前348年）写道：货币是交换媒介和衡量相对价值的尺度。亚里士多德还提到了"调和均值"（harmonious mean），即买方和卖方认可的公允价格，这是供需法则的早期构想（参见供给与需求）。

▲ 希腊哲学家柏拉图的雕像。

重商主义

从广义上说，重商主义推进了"民族国家应寻求原材料和贵金属（特别是金银）的积累"这一思想。重商主义还主张，政府应当干预经济的主要领域，包括：

- 征收进口关税，保护国内工业，防止货币流出经济体；
- 制定规章制度，补贴重点出口产业。

▶ 一张印有弗朗西斯·德雷克爵士（Sir Francis Drake）肖像的邮票。

重商主义认为，经济体应以积累更多的黄金为目标。由于换取国外的奢侈品（如法国的丝绸）会丧失黄金，因此不鼓励进口。

在让-巴蒂斯特·科尔伯特（Jean-Baptiste Colbert，1619—1683）担任财政部部长期间，法国与荷兰之间的竞争导致法国崇尚重商主义政策，并由此成为当时较为成功的贸易国。

国家海盗

16世纪，对于国家资助的海盗行为，各国君主通常持许可甚至鼓励的态度。例如，弗朗西斯·德雷克爵士就曾攻击西班牙船只，掠夺其黄金（这些黄金则是从阿兹特克人那里掠夺来的）。这便是重商主义的实践！

进口商品

获得黄金

法国

英国

◀ 英国等国家希望通过向法国出口货物、获得黄金支付来致富。

托马斯·孟（Thomas Mun，1571—1641）是一名英国商人，他撰写的《英国得自对外贸易的财富》（England's Treasure by Foreign Trade，1621年）是一部颇具影响力的重商主义宣言。简单地说，他鼓励增加出口、减少进口，其主张包括："应当禁止进口国内可以生产的商品"，"应该让英国人喜欢上英国商品，从而减少奢侈品进口"。

零和博弈

重商主义把经济体视为一个"零和博弈"——换言之，甲之损失即乙之收益；甲之收益即乙之损失。之所以是零和博弈，是因为资源是有限的。其隐含意义是：一个国家要想更富有，必须从别的国家或他人那里获得财富。

这套经济思想对欧洲国家的政治观点产生了深远的影响。重商主义往往与殖民主义相关，例如，法国、英国等欧洲国家都曾通过垄断殖民地的自然资源来增加财富。

重商主义的复兴

尽管人们普遍认为重商主义是一套过时的经济理论，但近年来，重商主义的某些方面又重新流行起来。其表现形式有：批判自由贸易（以北美自由贸易协定、欧盟的贸易协定为代表），以及认为国家对促进商业和经济发展有重要作用。

美国
33个单位

英国
33个单位

法国
31个单位

◀ 一个国家要想提高财富的份额，必须取得其他国家的份额。在这种情况下，英国要获得35个单位的黄金，必须从法国获得2个单位，此举使得法国的份额下降到31个单位。

英国要获得35个单位，法国的份额必须减少到31个单位。

古典经济学

古典经济学围绕"自由市场和自由贸易促进效率和繁荣"展开。18世纪和19世纪，工业革命改变了各国的经济面貌，带来了经济的快速增长和社会变革。经济上的变化，见证了古典主义"自由市场经济学"理论的诞生，其代表经济学家有：英国的亚当·斯密（*Adam Smith*，*1723—1790*）、大卫·李嘉图（*David Ricardo*，*1772—1823*），以及法国的让·巴蒂斯·萨伊（*Jean-Baptise Say*，*1767—1832*）。

古典经济学理论认为：各国可以在不积累黄金（从其他国家掠夺而来）的情况下增加财富。这与之前的重商主义理论形成了鲜明对比。古典经济学家认为，自由贸易会使各方受益。因此，贸易并不是零和博弈——换言之，一国受益，并不意味着另一国受损。

这一经济理论也对政治产生了影响，

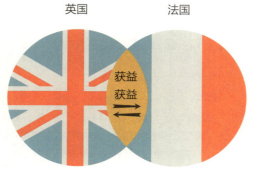

英国　　　　法国

获益
获益

◀ 贸易并不是零和博弈——两国都有获益的空间。

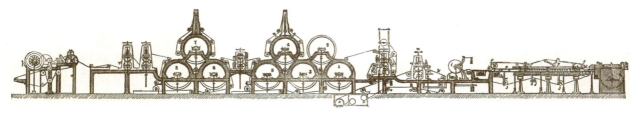

即，不把他国视为竞争对手，可以拥有互惠互利的关系，使各方都受益。

古典经济学家同样反对政府的过度管制。他们认为，灵活的价格能使市场达到均衡（供给=需求），实现资源的有效配置。

在19世纪的大部分时间里，古典经济学在经济学思想框架下一直占据主导地位，直到20世纪30年代大萧条时期凯恩斯经济学的出现。古典经济学与后来出现的新古典经济学有相似之处，后者同样强调自由市场的重要性。

亚当·斯密与《国富论》

《国富论》与《美国独立宣言》（1776年）同年出版。《国富论》正式确立了经济学思想，这些思想促进了对贸易、商业和产业这一新领域的解释。

英国哲学家亚当·斯密（Adam Smith，1723—1790）是重商主义的主要反对者。他认为，自由贸易会增加经济福利。斯密正式确立了自由市场和"看不见的手"等思想。斯密创造了"看不见的手"一词，用以解释追逐个人私利如何引起市场的调整，并增进公共利益。

亚当·斯密还提出了专业化和劳动分工理论，

▲ 英国哲学家亚当·斯密

| 出售商品 | 出售商品 |
| 企业
高利润 | 购买商品 | 购买商品 | 价格降低，
效率提高 |

▲ 看不见的手＝个人私利＋竞争性市场。在这种情况下，一家企业创造的高额利润会鼓励新企业进入市场，并以较低的价格进行销售。如果市场是竞争性的，那么，"看不见的手"可以防止企业赚取超额利润。

"……他只是为了获得一己之利，在此情况及其他诸多情况下，他受一只看不见的手指引，产生了一个并非他本意的结果……他在追求私利的同时，频繁增进了社会的利益，这比他刻意的增进更为有效。"

——亚当·斯密，《国富论》

为私利行事，是如何实现公共利益的？

企业希望获取利润。

► 企业生产人们想要的产品。

► 高额利润吸引新企业生产更廉价的商品。

► 低廉的价格使消费者受益。

► 购买所需要的商品，为他人提供了就业机会。

二者在工业革命中起到了关键作用。但人们知之其少的是，亚当·斯密对资本家，尤其是拥有垄断势力的资本家十分警惕。但斯密并不是个自由主义者——他认为，政府在提供公共品、保护私有财产、管制垄断方面发挥着作用。

《国富论》的重要性在于，它促进了经济学这门学科的规范化，为古典经济学（对自由市场基本持肯定态度）提供了基础。250年之后，《国富论》仍被人们提及，仍然是争论的来源之一。

◄ 哲学家亚当·斯密的雕像，位于爱丁堡圣吉尔斯大教堂外。

马克思主义

马克思主义颠覆了古典经济学。在马克思主义制度下，国家会废除私有财产，把生产资料（如工厂等）收归集体所有，而不是支持私有制和自由市场。马克思主义认为，此举会使一国的财富实现公平分配。马克思主义诞生于工业革命时期，当时，不平等加剧，资本所有者获得财富，而工人处在低收入和恶劣的环境下。

哲学家卡尔·马克思（1818—1883）出生于德国，在伦敦度过了大半生。他认为，资本主义的不公平将不可避免地引起受剥削的工人（无产阶级）奋起反抗。随后，这个过程会不断重复，并创造一个以平等、公有制为基础的无阶级共产主义社会。

马克思的预测并没有完全实现。最先进的资本主义社会开始管制资本主义，改善工作条件，提高工人的实际

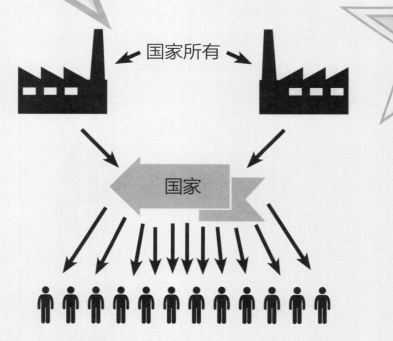

▲ 在马克思主义制度下，国家拥有生产资料，决定生产什么。接着，国家决定如何将产品分配给民众。

工资（按通货膨胀调整后的工资）。先进资本主义国家的工人并没有寻求共产主义革命，而是追求报酬更高的工作，希望加入日益壮大的中产阶级。

用经济术语来说，马克思乌托邦式的理想存在报酬无差异、缺乏激励的问题。这意味着，社会经济会效率低下、停滞不前，导致短缺和过剩。社会经济体的生产由国家管理。一旦商品（如面包）短缺，而企业无法自由地提高价格或是转换生产形式（如从生产枪支转向生产面包），面包的短缺就会一直持续，直至国家决策发生变化。

尽管如此，马克思对资本主义公平性的质疑仍旧中肯，马克思主义思想启发了

▲ 德国哲学家卡尔·马克思

俄国革命；而在整个20世纪，对资本主义严重过剩问题的批判，仍是一股强有力的意识形态力量。

凯恩斯主义革命

英国经济学家约翰·梅纳德·凯恩斯（*John Maynard Keynes, 1883—1946*）的主要思想是：政府干预能够防止经济周期中出现严重的过剩（经济周期是扩张性增长与经济衰退，即繁荣与衰退之间的自然波动），缓解大规模失业。（参见第180页，经济周期）

截至20世纪30年代，古典自由市场经济学都是大多数西方经济体盛行的正统。然而，源于美国、波及全球的大萧条，明确挑战了不受管制的自由市场的理念。古典经济学认为，市场会出清，任何不平衡（如失业）都是短暂的。然而，大萧条时期的大规模失业使这一理论显得不切实际，甚至可以说是适得其反。

凯恩斯认为，市场并不总是出清的，特别是工资的向下黏性（工人抵制名义上的降薪）会引发失业。此外，经济衰退时期，人们因对未来持悲观态度而会减少支出、增加储蓄（参见节俭的悖论）。因此，经济衰退时期的经济会遭遇需求不足，而需求不足的循环很难被打破。

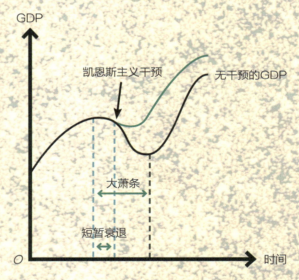

▲ 大萧条导致经济产出持续下滑。凯恩斯主义干预的目的是避免这种情况，从而实现经济的快速复苏。

"长期来看，我们都死了"

对于大规模失业问题，古典经济学家认为，市场会在长期达到出清。但凯恩斯质问道：为什么要等到长期？待市场出清

> "在暴风雨季，如果经济学家只会对我们说，风暴过去很久以后，海面会再次恢复平静，那么他们给自己设定的任务未免太简单、太无用了。"
>
> ——约翰·梅纳德·凯恩斯，《货币改革论》

之时，我们都死了。凯恩斯希望立即采取行动，而不是寄希望于数年内情况会好转。凯恩斯认为，政府可以从私营部门借入资金（该部门有剩余储蓄）投资到经济体中，从而加快经济复苏。他认为，用这种方式把资金注入经济体，能够打破萧条、通货紧缩和高失业率的循环。

《就业、利息和货币通论》（1936）是一部革命性的著作，它创造了一个全新的经济学分支：探讨政府如何影响经济周期。这部著作也颇受争议，因为它推翻了许多经济学正统理论，如平衡预算（不借款）和有限的政府干预。

新凯恩斯主义

第二次世界大战之后，美国经济学家保罗·萨缪尔森（Paul Samuelson）普及了凯恩斯的思想。萨缪尔森在1948年出版的教科书《经济学》中，试图用更正统的方法来解释凯恩斯的思想。事实上，这是对凯恩斯主义的简化。1962年，英国经济学家琼·罗宾逊（Joan Robinson）批评了这种正统经济学与凯恩斯主义的综合，并将之称为"杂种凯恩斯主义"（Bastard Keynesianism）。尽管如此，凯恩斯主义——人们熟知的"新凯恩斯主义"（neo-Keynesianism）——对战后的西方世界产生了深远影响。直到20世纪70年代的滞胀时期，凯恩斯主义才受到了复兴的古典主义思想的挑战。20世纪70年代是凯恩斯主义理论的困难时期，因为面对高失业率和高通胀率，标准的凯恩斯主义财政政策难以应付。

货币主义

货币主义强调，通过控制货币供给来调节通货膨胀至关重要。货币主义由美国经济学家米尔顿·弗里德曼（*Milton Friedman*，*1912—2006*）提出，它对凯恩斯主义的多个教条提出了质疑。

货币主义的基本理论是：如果货币供给的增长速度超过国民产出的增长速度，就会带来通货膨胀。货币主义者主张用货币政策来控制货币供给的增长，从而限制通货膨胀。在大萧条的解释方面，货币主义认为，通货紧缩和长期失业是中央银行在经济深度衰退期间，未能给予充分的货币供给支持所致（参见第230页，独立的中央银行）。

到20世纪70年代滞胀出现之前，货币主义都是一个相当模糊的经济学分支。而经济衰退和通货膨胀的结合，似乎打破了战后的凯恩斯主义共识，促使美国和英国开始尝试货币主义的激进新思想。除了控制通货膨胀，货币主义还与自由市场经济

> "通货膨胀一直是、且处处是一种货币现象。"
> ——米尔顿·弗里德曼，
> 《通货膨胀的原因和后果》

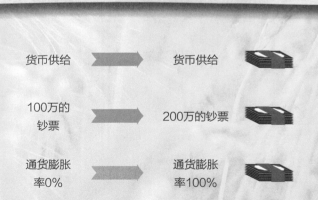

▲ 最初的货币供给为100万，通货膨胀率为0%。如果货币供给增加到200万，通货膨胀率会达到100%。

学和供给侧经济学的理念建立了联系，而后者强调放松经济管制，减少政府干预。

1979年，美联储主席保罗·沃尔克（Paul Volcker）开始奉行货币主义的一种形式，即根据弗里德曼的法则，通过限制货币供给的增长来控制通货膨胀。在沃尔克的领导下，1981年，利率上升到了令人震惊的20%。沃尔克成功降低了通货膨胀（因20世纪70年代成本推动型通货膨胀的遗留问题造成）：通货膨胀从1980年最高点的14%，下降到了1983年的3%。然而，尽管通货膨胀降低，却带来了二次衰退（double-dip recession，即短期内连续出现两次衰退。——译者注）的高昂成本，失业率也攀升到了10%。

货币主义的支持者认为，这是控制通货膨胀必须承担的后果。货币主义的批评者则认为，货币供给与通货膨胀之间的联系，并不像弗里德曼声称的那么紧密，限制通货膨胀的政策太过严苛了。而今，大多数中央银行直接把通货膨胀作为目标，而不是通过货币供给来间接控制。尽管如此，弗里德曼的研究还是为货币政策的运用做出了重大贡献（参见第210页，货币政策）。

▲ 米尔顿·弗里德曼，诺贝尔经济学奖获得者、货币主义的主要人物。

混合经济学

在20世纪的大部分时间里，经济学都陷于自由市场经济学与社会主义（或社会民主主义）的争论之中。在实践中，经济学通常是一种实用的含糊其词（*pragmatic fudge*）。哪怕是人们认为的资本主义经济体，实际上也是一种混合经济体——即政府干预和自由市场的混合。

混合经济体——取二者之长

私人产品（private goods）由私人部门决定，"看不见的手"帮助人们获得所需的私人产品。医疗保健、教育等公共产品（public goods）通常由政府提供，因为在这些领域，获得利润的动机并不那么有效。

意识形态的综合

在经济学领域，凯恩斯主义与货币主义等不同理论之间的区别，并不总是泾渭分明的（尤其是2008年金融危机以来；参见第268页，信用紧缩）。各种理论会不断发展，对新的事件做出反应，融入新的思想。经济学家虽然会陷入凯恩斯主义、货币主义等阵营，但他们会吸收不同思想流派的元素。此外，一些经济学家认为，传统经济学的划分并不能解决实际的经济问题。相反，我们应该考虑环境、生活质量和经济发展等问题。

个人

政府

自由市场

税收和政府支出

◀ 在混合经济体中，人们希望把自由市场和政府干预的优点结合起来。有时候，最好让个人来做决策；而有时候，政府可以改善经济福利。

近年来涌现了一批新的经济思想，例如：

行为经济学通过人类心理学的复杂机制来研究经济学。有时候，作为个体，我们是厌恶风险的，例如我们会购买旅游保险或人寿保险。其他时候，我们喜欢赌博、买彩票或是下注。行为经济学研究的正是人性的各种矛盾和悖论。

环境经济学关注自然资源的使用，以及经济活动如何影响环境。环境经济学也关注调和经济活动和环境问题的政策和激励机制，例如用碳排放税来减轻全球变暖的影响。环境经济学通常把环境可持续性的考量放在GDP之上。

幸福经济学考察的是影响幸福和生活质量的因素。经济学家通过了解产生幸福的因素，可以对"经济政策如何改善生活质量"提出建议。幸福经济学扩大了经济学的视野，将之从最大化货币价值扩展到了对公民自由、健康和休闲等问题上。幸福经济学通常把福利的考量置于GDP之上。

发展经济学关注的是低收入国家的生活水平和福利的改善。发展经济学的目的是降低全球经济的不平等，研究经济增长、结构变迁和长期发展政策。与传统经济学相比，发展经济学涉及的政治政策和社会政策的范围更广。

经济学——科学还是艺术？

经济学家收集数据、建立模型、提出理论、为政策建言，甚至进行预测。然而，经济学这门学科究竟是科学还是艺术？经济学的某些方面（如数学模型）是科学分析的一种形式，但是经济数据的使用却更像是一门艺术——这从同一经济数据有多种呈现方式可见一斑。

经济学结合了实证科学（数据）、规范科学（以特定的方式呈现数据）和对政策的判断。例如，经济学家通过考查净移民水平（net migration level）的数据，提出为何达到这一水平的看法，同时，运用模型和理论来预测移民对工资、经济增长的影响。用同样的数据，一些经济学家会强调移民如何提高GDP；另一些经济学家则会强调，移民如何压低了低技术工人的工资。

虽然经济学家从科学和数据入手，但他们得到的结论可能十分主观，因为变量可能有多个，而如何解释这些变量，取决于经济学家的偏好。

"在明天知道昨天预测的事今天为何没发生这方面，经济学家可谓是行家。"

——劳伦斯·J.彼得（*Laurence J. Peter*）

（事实）

政府债务↑10亿美元

好消息　←　（意见）　→　坏消息

增加投资　　　　　　　为未来借入更多债务

▼ 政府债务增加了10亿美元。可以认为，这对经济而言是个好消息（增加借款能够促进投资，获得更高的增长）；也可以认为，这对经济而言是坏消息（子孙后代将面临高额债务）。

经济学的局限

预测经济变量绝非易事，尤其是预测遥远的未来。经济学的一个特点是：同样的数据有不同的解释。某个经济学家会认为，债务水平较高是好事，但另一个经济学家不会这样认为！这种结果的不确定性，在经济学中十分常见且反复出现。对偏好精确性和确定性的人们而言，这令人沮丧，但这就是真实的经济世界——不可预测的事件和个人的非理性行为比比皆是。

CHAPTER 1 第一章

市场 MARKETS

供给与需求

哪怕你不是经济学家，你也无法逃脱无处不在的供给与需求。在曼哈顿或伦敦的高档社区，即使是购买一套小公寓，你的花销也不会偏离100万美元或100万英镑太多。这里的住房为何如此昂贵？这是由供给与需求决定的。

- 需求显示了人们愿意为某一商品支付的价格。价格上涨，需求通常会下降。

- 供给是企业愿意在市场上提供的商品数量。价格上涨，企业通常希望出售更多的产品，因为获得的利润会增加。

为何住房如此昂贵

从本质上说，曼哈顿和伦敦等城市有很多高薪工作，因此人们对住房的需求较大。但是，这些地区很难

▶ 在曼哈顿，一套公寓的价格可以高到100万美元。原因是，公寓的供给十分有限，而需求却不小。相比之下，美国中西部地区的公寓需求较少、供给较多，所以公寓价格便宜。

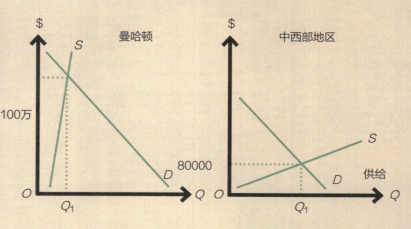

找到空间来新建住房，因此，房屋的供给十分有限。这就造成众多高薪工人争抢有限住房的局面。而供给的相对短缺意味着：价格会随需求的增加而上涨。

在19世纪的美国中西部，定居者拥有在广阔土地上建造自住房屋的自由。一幢房屋的价值大约与建筑材料的成本相当。当时并不存在住房短缺的情况——随着需求的增加，增加房屋供给十分容易。而在如今的纽约和伦敦，情况则完全不同。

▲ 在人口密度较高的地区，房屋的需求增加，价格上涨。土地充裕的地区则不会出现房屋短缺，房屋价格得以保持在较低水平。

尽可能收取高价

19世纪时，法国皇帝拿破仑来到布尚的杜宾山口（Col du Pin Bouchain）。山坡上有一家旅馆，旅馆的鸡蛋价格令拿破仑震惊，他问旅店老板：

"此地是不是很少看见鸡蛋，所以账单上的价格才贵得这么离谱？"老板回答道："不是鸡蛋少见，而是皇帝少见。"

旅店老板知道拿破仑有能力支付高价，并且自己控制了该地区的鸡蛋销售（参见第110页，垄断），也有胆量要求拿破仑支付很高的价格！

看不见的手

前面提到，亚当·斯密用"看不见的手"的概念来说明：按自身利益行事的个体行为人（*individual agent*），能够使市场达到均衡。这是如何发生的？并没有人花功夫来设定卡布奇诺的全球价格，那么，是什么决定了平均的市场价格？

假设你开了一家咖啡馆，并以1美元的价格出售高品质的咖啡。你希望咖啡馆人满为患，人们排队购买咖啡，等待空位。咖啡馆里座位短缺，意味着需求超过了供给。作为咖啡店老板，排队等候的顾客会给你提高价格的激励。如果提高价格，咖啡馆还是人满为患，那么利润就会增加。你应该继续提高价格，直到供

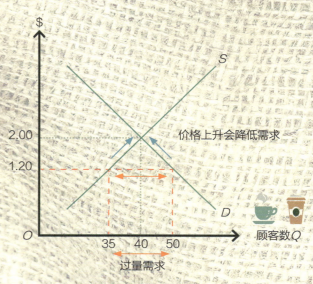

▲ 若价格为1.20美元，咖啡的需求超过供给，咖啡店就会有人排队。店家可通过涨价来应对。要使供给=需求，价格应上涨到2美元。

需达到平衡，不再有人排队——直到提高价格开始导致需求降低。如果你开了一家咖啡馆，以10美元的价格出售咖啡（哪怕

咖啡的品质非常好），那么顾客不会太多，并且会剩下不少卖不掉的咖啡。在这种情况下，应当降低价格以吸引更多的顾客。

激励与看不见的手

"看不见的手"还能把资源分配到需求最大的地方。

假设企业开始销售一种新产品，例如有机甘蓝。如果这款新品能成为时尚潮品，企业就能收取高价，赚取高额利润。然而，如果企业赚取了较高的利润，就会激励其他企业进入市场，从事有机甘蓝的生产和销售。最终，供给增加，价格下降。

看不见的手有时并不存在

亚当·斯密"看不见的手"这一概念已经存在了很长时间，但这并不意味着它

> "看不见的手通常无法看见，是因为它通常并不存在。"
>
> ——约瑟夫·斯蒂格利茨（Joseph E. Stiglitz），《让全球化造福全球》（Making Globalization Work）

会一直起作用。

例如，如果企业拥有强大的品牌忠诚度，那么，企业就能不断提高其产品的价格。因为消费者会认为，其竞争对手生产的商品并不是可接受的替代品。因此，最新款的苹果手机（iPhone）能够卖到数百美元，使苹果公司能够赚取高额的利润。

新款苹果手机的价格，反映了一些客户对苹果的品牌忠诚度。在这种情况下，拉低价格的"看不见的手"并不存在。

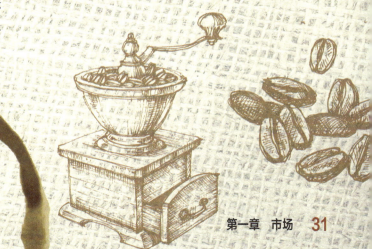

地下市场

有时你会听人提起，二级（或地下）市场上，音乐会的票价非常高。2016年，伦敦阿黛尔演唱会的票卖到了24840英镑——这是原价83英镑的299倍。这同样可以用供需关系来解释。

大多数买票的歌迷对转售获利并不感兴趣，他们只是想看音乐会。这样一来，愿意在地下市场上转售的并不多，"余票"的供给非常有限。但是，想看音乐会的却有数千人，他们中间会有一些非常富有的人士，愿意并且能够支付天价票。具有讽刺意味的是，由于倒票（ticket touting）被视为非法，反倒推高了地下市场的票价。承担倒票风险的人越少，供给越有限，价格也越高。

向毒品宣战的悖论

向非法毒品宣战也是一样。瞄准非法毒品的生产，捣毁其种植地点，会使供给减少，价格上涨。换言之，政府越是花力气限制毒品供给，毒贩的利润就越高（诱惑力也越大）。

这一悖论是说，切断毒品供给看似是个好主意。但推动毒品合法化的依据是，毒品合法化会让很多毒贩破产，因为在地下市场交易毒品不再有利可图（尽管这会引发其他的许多问题）。

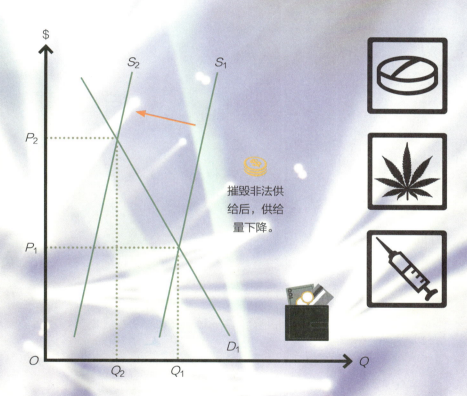

▶ 政府摧毁非法供给后，供给量下降。此举会使毒品的价格变得更加昂贵，使犯罪集团更加有利可图。

摧毁非法供给后，供给量下降。

效用最大化

经济学理论假设，个体寻求个人效用的最大化。个人效用即满足感和幸福感。简单地说，就是购买最想要或最需要的商品。

边际满足感

人们在边际上做决定是个重要的概念。换句话说——第二块蛋糕会让你开心吗？

一块蛋糕会给你带来较大的满足感（即具有较高的边际效用），你愿意支付5美元买一块。但是喜欢蛋糕，并不意味着你在咖啡馆吃下第二块蛋糕，会获得相同的满足感。第二块蛋糕的边际效用要远远小于第一块蛋糕。如果第二块蛋糕价值5美元，但你认为它带给你的效用只值1美元，那么，你会等到某个饥肠辘辘的日子

功利主义

一种认为我们应该设法让最多的人获得最大幸福感的哲学。

再吃。

从理论上说，消费者会评估每个消费单位的边际效用（即他们认为会获得的满足感）。如果效用等于或大于这一单位的消费成本，消费者就会购买。

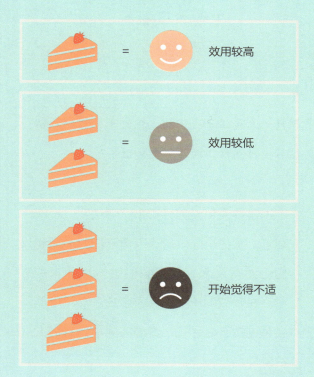

= 效用较高

= 效用较低

= 开始觉得不适

◀ 第二块或第三块蛋糕的边际效用，要远远小于第一块蛋糕

力。成功的猎人可以用一部分的肉换得一把好斧头。这种易物交易（barter）是最大化效用的一种方法。如果穴居人做了非理性的决定，例如没有安全的居住场所，就可能是生与死的区别。

幸运的是，在物质相对充裕的时代，效用最大化极少关乎生死存亡，而是关乎各种选择之下，幸福感的最大化。

预算约束与效用

效用最大化与人类的进化发展之间可以建立联系。穴居人决定外出狩猎时，要评估狩猎是不是最佳地利用了其时间和精

价值悖论

商品的价格并不总是反映商品对社会的有用性。水是必不可少的，但却十分廉价。钻石只是装饰品，却价格高昂。为何我们愿意为钻石支付高价，而为水支付低价？

一个原因是：人们一生中购买的钻石非常少。一生拥有一枚钻石戒指的边际效用非常高。我们愿意支付高价购买订婚戒指。但是，一旦我们为伴侣购买了钻石戒指，就（希望）永远不再买第二枚！

当然，有些人每年都会购买钻石；但对很多人来说，一生只会购买一次。然而，很多人每天都会买水。哪怕我们日渐衰老，水的边际效用也不会降低，因为我们仍然需要水，就像我们第一次买水那样。在我们的一生中，买水的总支出可能会超过钻石，尽管二者的实际单价有很大的差异。

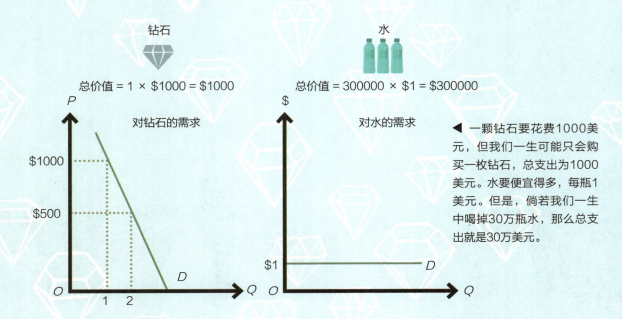

◀ 一颗钻石要花费1000美元，但我们一生可能只会购买一枚钻石，总支出为1000美元。水要便宜得多，每瓶1美元。但是，倘若我们一生中喝掉30万瓶水，那么总支出就是30万美元。

价值与稀缺性

商品的价值还与其稀缺程度有关。由于少数几家大型生产商控制了钻石的生产，钻石的供给受限。这意味着，钻石的价格会保持在较高水平。但对供水而言，只要利润较高，就很难阻止人们进入市场。

"用我的王国换一瓶水"

首先要对莎士比亚致歉（原句是"一匹马，一匹马，用我的王国换一匹马"，出自莎士比亚的剧作《理查三世》；这句是理查三世与亨利七世交战后，战败被围时的呼号。——译者注）。假设你身处沙漠，四野茫茫，口渴难耐。你会用最后一元钱买下一枚钻石，还是一瓶水？你当然会买水。在这种情况下，水的边际效用明显大于钻石的边际效用。如果你因口渴而亡，那么世间所有的钻石会瞬间失去吸引力。如果可供出售的水只有一瓶，你或许愿意倾尽毕生财富来买水续命。

回到莎士比亚的剧作。现在我们可以从经济学角度来理解，为何理查三世愿意放弃整个王国，只为临时借来一匹马。因为他意识到，逃离战场避免被擒（从而避免死亡）的边际效用，是当时唯一重要的事情。这说明，商品的边际效用会迅速发生变化。

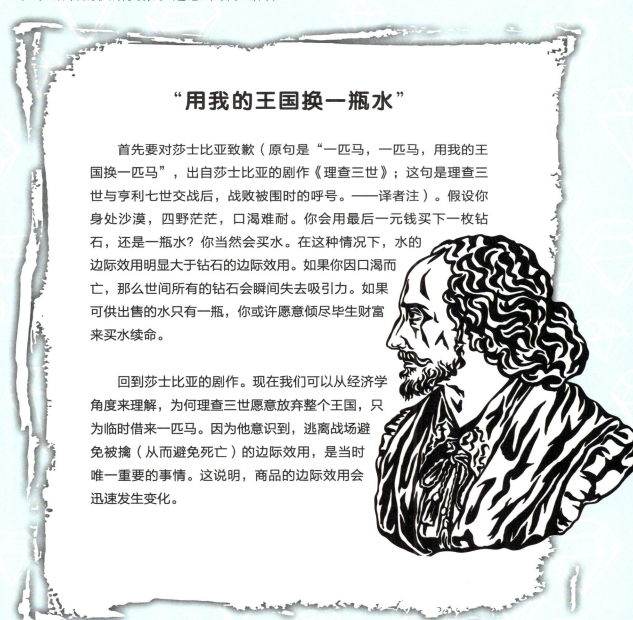

非理性行为

边际效用理论言简意赅，但它是否贴近现实？在购物时，你会权衡商品的边际效用和边际成本吗？我认为，很少有人（哪怕是经济学家）会站在超市的通道，权衡一堆香蕉的边际效用。在现实世界里，除却边际效用，还有很多影响消费的因素。

有限理性

有限理性的概念是说：人们虽然理性，但由于选择过多，我们会走捷径，而这可能是次优的。按习惯购买就是一例。我们会购买同一种麦片作为早餐，因为我们没时间逐一评估市面上的每种麦片。如果悉数品尝一遍，我们或许会发现稍好一些的新麦片——但值得如此花功夫么？速战速决和在已知可行的范围内凑合用，是十分重要的。

冲动消费

有时，我们会购买（由精明的零售商）摆放在收银台"方便"位置上的物品。这些刻意摆放的物品，通常是巧克力这类利润较高的物品，或是一些小玩意，如炎热天气里售卖的便携式风扇。冲动消费是人类的本性：有时我们会浪费金钱，就因为当时看来，花钱似乎是个好主意。

羊群行为（herding）

　　个体会顺应一群人的群体行动，而不去评估这种情况对个人的好处。例如，如果房价上涨，并且住房市场上大多数的参与者都认为，价格会持续上涨，那么人们就容易认为，大多数人的观点是正确的。这被称作"群体的智慧"。而要挑战传统观点，并非易事。

缺乏自控力

　　从理性的角度来说，我们可以制订一套学习计划，傍晚花两个小时来复习备考。然而，我们却花了几个小时来上网，一晃就到了午夜。从长远来看，浪费时间是不合理的。然而，由于缺乏管束和努力，我们会陷入次优选择。对节食而言，如果我们缺乏自控力，就注定会失败。

利他主义

　　利他主义是指：人们会考虑他人的福利，例如给慈善捐款捐物，或是雇用工人，使之免于失业。正统经济学通常假设：人们是自私的，并且会最大化个人效用或财富。但这忽视了真正的利他主义——我们在给予他人时，并未期望获得回报。利他主义的动机不像利润最大化那么简单，因此也更难度量。

乐观偏差

　　乐观偏差是指：人们认为，与一般人相比，他们遭遇负面事件的风险较小。例如，人们会低估生病的概率，而不去购买健康保险或是立下遗嘱。金融交易者的乐观偏差会导致股价出现泡沫，因为交易者认为，他们能够及时从泡沫中脱身，故而持续买入并持有股票；他们认为，自己能够打败市场。

凡勃伦商品

对于某些类型的商品，价格低廉意味着商品的"档次"较低，人们对其评价不高。而价格较高则意味着"档次"较高，对于希望彰显社会地位的人们而言，这类商品更具吸引力。

商品越是昂贵，其排他性就越强。能够买得起这些商品并展示出来，就可以向社会发出信号：你是成功的，甚至是社会上百里挑一的顶尖人士。凡勃伦商品（Veblen goods，也译作"炫耀性商品"。——译者注）的典型例子包括：艺术品、豪车、昂贵的首饰，以及高级定制的私人服装。

凡勃伦还使用"炫耀性消费"（conspicuous consumption）一词来解释人们对

托斯丹·凡勃伦（Thorstein Veblen，1857—1929）是挪威裔美国经济学家和社会学家。他最著名的著作是《有闲阶级论》（*The Theory of the Leisure Class*，1899年），该书批判了"有闲阶级"，以及为了在社会上炫耀而把钱花在奢侈品上的人们。

排他性产品的渴求。对很多人来说，购买凡勃伦商品是非理性的，因为其价格远远高于效用。然而，对有些人来说，凡勃伦商品的效用源自这些昂贵商品传达出的声望和社会地位感。

至于艺术品（fine art），我们可能知之甚少。但是，如果卖方设定了较高的价格，我们会认为其质量颇高。

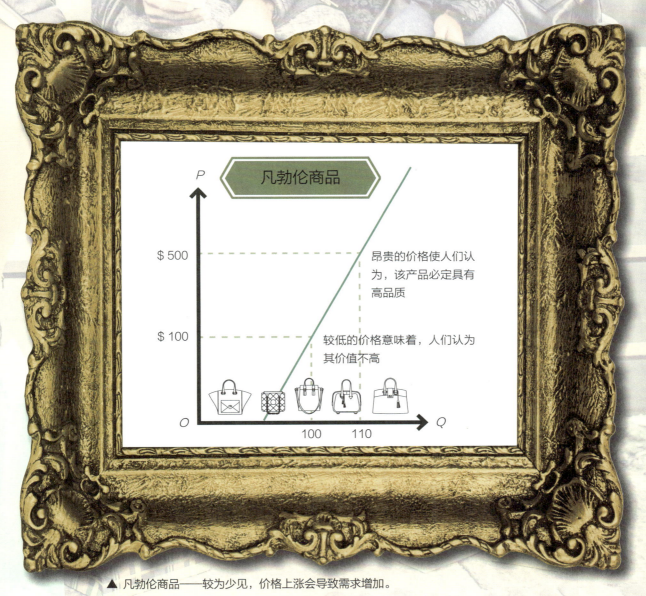

凡勃伦商品

$ 500　昂贵的价格使人们认为，该产品必定具有高品质

$ 100　较低的价格意味着，人们认为其价值不高

100　110

▲ 凡勃伦商品——较为少见，价格上涨会导致需求增加。

助推

"助推"（*nudge*）是最近提出的经济学概念。助推理论是说，消费者会受到小建议和正向（或负向）强化的影响。分析师们注意到，略微改动展示商品的方式，会强烈影响人们的购买决策。结果是，助推的艺术已经成为日常生活中无处不在的现象——"要不要来份薯条配着吃？"

如果去咖啡店买咖啡，精明的咖啡师会追问你："要不要配一块松饼？"为何要培训他们给客人提供次要选择？原因很简单：如果直接把松饼作为选择，人们很有可能就会购买。或许你根本没想要买吃的，一旦有人问你"想不想要一块美味松饼"，你就会想"……好的，我确实很喜欢松饼，谢谢你的建议"。

这种商业上的助推，在让人们购买更多的食品上卓有成效。可以说，助推是导致西方世界肥胖增长的原因之一。每个企业都想卖给我们超大份的饮料和薯条、第二份餐食，以及额外的甜点。零售商们知道，对于这类助推，人们难以抵抗。

正向助推

助推通过两种方式发挥作用；而政府和地方政府也一直在努力，把人们推向健康的选择。例如，在你犹豫要不要的松饼上，政府和地方当局会要求，在上面明确标明卡路里。这样，有人问我们要不要松饼时，哪怕我们说了"要"，看到松饼上标着"450卡路里"后，或许我们会说"不要了，谢谢您！"

助推可以简单到只是发送一条鼓励信息。一项研究发现，如果向学生发送鼓励信息，告知其在大学有进步，出勤率就会提高。这便是助推的正向强化。学校和政府虽然可以利用助推，促进健康饮食和更好的消费习惯，但是，我们面对的是一个复杂的商业领域，商家会向推送我们不一定需要或想要的产品。

这无异于一场助推之战：企业把高糖的"能量饮料"与体育明星联系起来，让人们产生这些产品是健康之选的印象；与此同时，健康压力团体（也译作"健康施压团体"。——译者注）则会把含糖饮料与肥胖联系在一起，劝阻人们购买。

最佳窍门和助推方法有哪些?

初始特殊优惠

拿到新手机合约时，前六个月通常按折扣收费，这段时间低廉的月租费会标在醒目位置。但小字印刷的附属细则标注着：六个月之后，平均月租费翻倍。我们会被低廉的初始费率吸引进来，之后却要支付更高的价格。

（2000年抵押贷款大繁荣时期，新抵押贷款的初始费用很低，但两年后，每月付款额会突增。人们发现，他们被更高的费用给套牢了。）

取消的壁垒

企业能够轻而易举地让客户订阅额外的服务。但客户一旦订阅服务，就很难取消。通常，企业会坚持让你致电客户服务中心来取消。待你拨通电话后，客户服务中心会提供优惠，试图挽留你。

机会成本

机会成本是指，获得某件东西的同时，必须放弃别的东西。把学生贷款花在派对上的机会成本，是不能再用这笔钱支付租金、购买教科书。由于资源有限，人们必须做出选择——必须面对机会成本。

政客们会在选举期间承诺"不加新税"。但出于显而易见的原因，政客们并不热衷于强调其决策的机会成本。如果"不加新税"，那么机会成本可能有：

- 政府会借入更多资金；
- 削减医疗支出。

然而，这些成本通常由选民来承担——机会成本往往是你看不到的成本。

如果人们是理性的，他们会衡量决策的机会成本。如果我们成天睡觉、看电视，那么，机会成本是我们没有时间来学习。当然，人类可能是非理性的，会忽视或低估机会成本——尤其是在机会成本要等到未来才支付的情况下。你会为了考试复习而牺牲参加派对的机会吗？参加聚会的机会成本可能是考试挂科、更糟糕的工作前景。但是有时候，当下似乎比遥远的未来更重要。

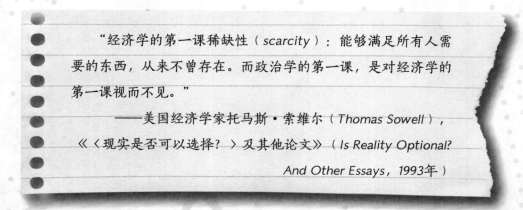

"经济学的第一课稀缺性（scarcity）：能够满足所有人需要的东西，从来不曾存在。而政治学的第一课，是对经济学的第一课视而不见。"

——美国经济学家托马斯·索维尔（Thomas Sowell），《〈现实是否可以选择？〉及其他论文》（Is Reality Optional? And Other Essays，1993年）

思考机会成本的一个好方法，是想象一个饼图。假设政府想要增加医疗支出，那么机会成本是：额外的支出，必须来自其他领域——私营部门、教育部门、军费开支等。

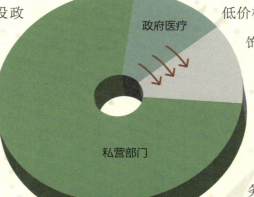

机票里。廉价航空公司之所以能降低价格，是因为去掉了"花饰"（frills），即免费的额外服务，如餐饮、礼品袋、易于改签等。

另外，廉价航空机票的机会成本是：服务可能会受到影响。例如，廉价航空公司可能会收取在机场打印机票的费用。

没有免费午餐吗？

"免费午餐"是个广为人知的成语，它与机会成本的概念有关。即使一家航空公司为你供了"免费餐"——这真是免费的吗？并不是！航空公司把成本包含在了

免费商品

机会成本的法则也有例外。一些商品确实体现了字面意义上的"免费"。如果你住在加利福尼亚州，只要在屋顶上安装太阳能电池板，你就可使用太阳能，而不花任何机会成本。如果你住在密歇根湖，你就不用考虑一杯水的机会成本。

在密歇根湖附近，水是没有机会成本的商品，但如果你搬回到加利福尼亚州，水变得稀缺，机会成本就增加。在干旱地区，如果你给花园浇水，可能意味着你的邻居无水可用。

机会成本和实际成本

假设你花10000英镑购买了一辆新车，三年后，车子贬值到3000英镑。若你决定保留这辆车，机会成本是多少？保留这辆车的机会成本是3000英镑，即出售汽车可以获得的数额。此时，购买汽车的价格并不相干。

需求弹性

经济学的一个基本规律是：价格升高会导致需求下降。但需求会下降多少？需求对价格或收入变化的反应，正是弹性（*elasticity*）度量的内容。

例如，若电力的价格上涨20%，我们会注意到，需求下降了2个百分点，因为一些家庭会限制非必要的用电。我们由此认为，电力的需求是缺乏价格弹性的（price inelastic），即价格变动会导致较小比例的需求变动。但是，若劣质香肠的价格上涨20%，我们会发现，需求的降幅高达50%，因为顾客会转向其他食品。在这种情况下，我们认为香肠的需求是富有价格弹性的（price elastic），即价格的变动会导致较大比例的需求变动。

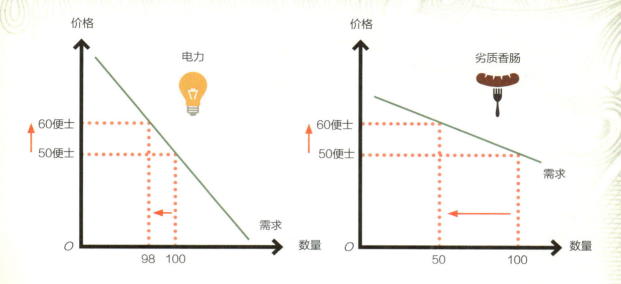

▲ 电力是缺乏价格弹性的，其需求基本不受价格上涨的影响。而劣质香肠的价格上涨则会导致需求下降，因为客户会购买其他品牌的产品。

弹性的重要性

对于电力这种商品来说，提高价格对供电商有利，但对消费者不利：

一开始，用电量为1亿单位，单位价格为0.5英镑，收入 = 5000万英镑。

价格上涨20%后，用电量下降2%，达到9800万单位，单位价格为0.6英镑，收入 = 5880万英镑。

收入增加了880万英镑。

对于劣质香肠，价格上涨会导致收入下降。

最初，消费量为1亿单位，单位价格为0.5英镑，收入=5000万英镑。价格上涨20%后，消费量下降50%，达到5000万单位，单价价格为0.6英镑，收入=3000万英镑，减少了2000万英镑。

因此，如果企业知道需求缺乏价格弹性，它们就有动力提高价格。因此，在企业拥有垄断力的市场上，价格较高。

为何有些商品对价格敏感？

替代品是否存在？假设旅行要坐8个小时的火车，但只有一个地方可以买到三明治。如果最便宜的三明治要8美元，你要么买下来，要么忍饥挨饿。如果三明治的价格太高，乘客们就会提前买好。但总有一些人会忘记，一旦上了火车，他们肯定是铁杆买家。因此，与选择多样的市中心相比，火车上的价格更加缺乏弹性。

商品是必需品吗？哪怕电力价格上涨，你也不太可能不做饭。当然，你可以购买燃气烤箱，但对于电力价格上涨而言，这个反应有点过激了。电力并不存在真正的替代品，因此需求是缺乏价格弹性的。但是，如果某特定国家度假的报价上涨，并且存在替代品，价格就会比较敏感——也许你决定，今年就不去度假了。

香烟的价格缺乏弹性，因为很多吸烟人士对吸烟上瘾。因此，政府对香烟征收的税款往往较高——对于短期内无弹性的需求，这是一个增加税收的简单方法。

如果企业能够增加在缺乏弹性的商品上的收入，为何不提高巧克力、咖啡和香烟的价格呢？

巧克力是缺乏价格弹性的——巧克力的近似替代品并不多，而且时常被视为必

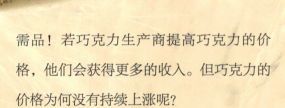

需品！若巧克力生产商提高巧克力的价格，他们会获得更多的收入。但巧克力的价格为何没有持续上涨呢？

假设所有巧克力的价格同时上涨，需求可能变得缺乏弹性。但是，如果一家巧克力生产商提高巧克力棒的价格，人们就会转向另一家生产商的商品。而咖啡、巧克力这样缺乏需求弹性的商品，可能有个别品牌的商品对价格十分敏感。

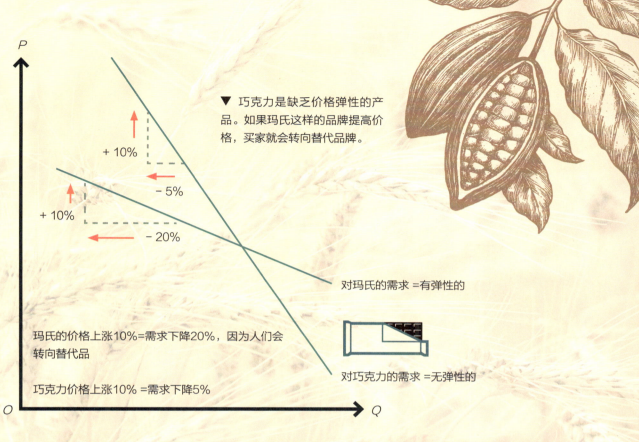

▼ 巧克力是缺乏价格弹性的产品。如果玛氏这样的品牌提高价格，买家就会转向替代品牌。

+ 10%

− 5%

+ 10%

− 20%

对玛氏的需求 = 有弹性的

玛氏的价格上涨10%=需求下降20%，因为人们会转向替代品

巧克力价格上涨10% =需求下降5%

对巧克力的需求 = 无弹性的

石油需求真的缺乏价格弹性吗？

20世纪70年代，石油的价格一夜间上涨了3倍，但需求并没有下降太多。这是个缺乏需求弹性的典型例子。有车人士别无选择，只能继续购买汽油。然而，随着时间的推移，情况发生了变化。

石油价格的上涨对汽车制造商造成了冲击。以前，汽车是不是"油老虎"（gas guzzler）并不重要，而如今，在高油价的时代，燃油效率成为较大的卖点。

油价的上涨促进了燃油效率的提高，鼓励人们改变驾驶习惯。在2008—2009年的高油价时期，美国和欧洲的备选交通方式（如自行车）有所增加。

关键问题是，需求在短期内是十分缺乏弹性的。不过，随着时间的推移，人们会适应更高的价格，而且会想方设法提出替代方案。

劣质商品

劣质商品（*inferior goods*）是指人们收入增加、购买会减少的商品。这听起来颇有些违背直觉。如果你的收入增加，你会买得起更多的商品，对大多数商品而言确实如此——收入增加，意味着买得更多（这些商品即所谓的"正常"商品）。

为何收入增加会导致某种商品的购买减少？

假设你在预算吃紧的情况下购物，你会购买能找到的最便宜的面包。如果你的收入增加，你会购买品质更好的面包——而不是1美元一条的面包。你觉得自己足够富有，会去享用5美元一条的有机面包。需求的收入弹性度量的是收入变化对商品需求的影响。如果收入增加，你就能买得起更多的商品。但你真的会多买吗？

旅行

大巴旅行是劣质商品的一个好例子。一般而言，乘坐城际大巴旅行是最便宜的交通形式，但也是最慢、最不舒适的。由于大巴旅行属于劣质商品，其营销对象很可能是学生和低收入人群。学生一旦获得高薪的工作，就会停止乘坐巴士，转而选

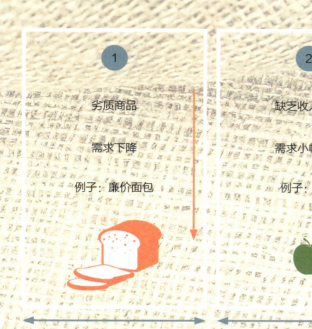

1	2	3
劣质商品	缺乏收入弹性	富有收入弹性 "奢侈品"
需求下降	需求小幅上升	需求量的涨幅百分比较大
例子：廉价面包	例子：苹果	例子：有机面包

劣质商品——收入增加，购买减少　　　　二者均为"正常"商品——收入增加＝需求增加

▲ 收入的增加对不同类型的商品有不同的影响。对于劣质商品（廉价面包）而言，消费者会减少购买，因为他们可以转向"豪华"面包，如有机杂粮面包。

择短途航班或是高铁。

经济增长与劣质商品

战后，罐头食品在人们的饮食中起到了重要作用。罐头食品是价格低廉、非常高效的营养形式。然而，随着经济增长和人们收入的增加，消费者转向了新鲜蔬菜和肉类，不再依赖罐装肉食（如午餐肉）。

在经济衰退时期，罐头食品的需求会上升。收入降低意味着，对这些劣质商品的需求增加（而不是在餐厅用餐，或是购买新鲜的有机蔬菜）。在2009年的经济衰退中，美国对罐头产品的需求上升了11%。有趣的是，同时增加的还有对计划生育和避孕的需求。或许在经济衰退时期，人们倾向于花少量的钱来避孕，而不是付出高昂的成本再养育一个孩子。

CHAPTER 2
第二章

MARKET FAILURE
市场失灵

外部性

如果自由市场不受监管而效率低下，无法提供最优产出，就会出现市场失灵。拥堵、银行挤兑、失业、污染以及人为抬高价格，都是自由市场未能提供最有效产出的标志。

若商品的生产或消费对第三方产生了影响，就出现外部性。如果在高峰时段驾车，你需要面对燃料的私人成本，但无须支付驾车对他人造成的负成本，如拥堵加剧、污染增加。

外部性带来的问题是：我们进行经济决策时，通常不会考虑外部性。我们享受450卡路里的妙芙蛋糕时，并不会考虑将来治疗糖尿病对医疗系统造成的负外部性成本。

自由市场上的过度消费

每个人都想开车上班，因为开车更便

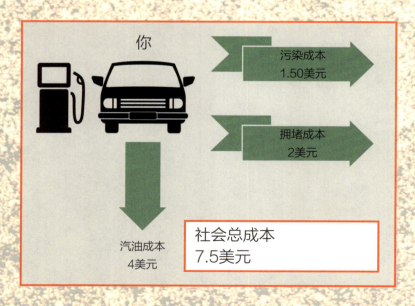

◀ 私人成本是给汽车加满油的成本。外部成本是其他人面临的成本，如拥堵加剧、污染增加。

宜、更方便，而且不用坐在陌生人旁边。但是，如果每个人都决定早上开车上班，就可能造成交通堵塞。这是市场失灵的一个典型例子：每个人都因为严重拥堵而利益受损。

即使你乘公交上班，想由此缓解交通拥堵，情况也不会好转。道路上行驶的车只是减少了一辆，你仍会陷入交通拥堵，而且乘坐公交车，你得坐在陌生人的旁边。对大多数人而言，开车仍是个理性选择——至少在交通拥堵时，你会感到更舒适。问题是，个人面临的仅仅是私人成本，而不必支付全部的社会成本——全部的社会成本不仅包括私人的燃料成本，还包括开车的拥堵成本和污染成本。

拥堵带来福利上的无谓损失

拥堵的外部成本，会给社会福利带来无谓损失。

- 每个人都在上班的路上浪费更多时间。
- 交通堵塞会消耗更多汽油。
- 空气质量恶化。
- 交通拥堵阻止人们进入市中心，使商业受损。

"资本主义是个令人震惊的信仰，即最恶俗之人的最恶俗之动机，竟是为了在一切可能世界中的最好世界里达到最好的结局。"

——据传是约翰·梅纳德·凯恩斯所说（"一切可能世界中的最好世界"，英文作"in the best of all possible worlds"，是莱布尼茨生造的词，指的是现实世界。——译者注）

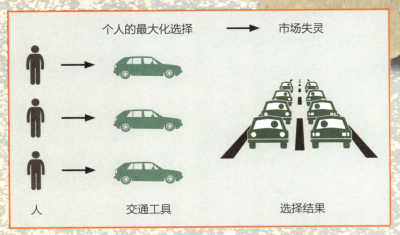

个人的最大化选择 ➡ 市场失灵

人　　　交通工具　　　选择结果

◀ 为了最大化个人福利，个人可以选择开车。但是，如果其他人选择开车上班，结果可能导致市场失灵（交通堵塞和拥挤）。

社会收益

教育的社会收益（social benefit）指的是教育对社会的总收益，它不仅包括私人收益（对个人会获得薪水更高的工作），还包括对经济的外部连锁收益，即受教育程度更高的劳动力，以及信息更畅通的政治体系。

● 社会收益=个人收益 +外部收益

正外部效应

外部效应可能为正。如果骑自行车进入城市，会给其他人带来污染减少的正外部效应。接种抵御传染病的疫苗，会带来明显的个人收益；而个人的健康状况改善，也会使社会上的其他人受益。

正外部性不足

19世纪上半叶，医疗和教育的供给非常匮乏，孩子们通常在工厂工作。尽管教育会带来较高的个人收益和外部收益，但贫困家庭缺乏做出牺牲、送孩子们上学的激励，导致教育供给不足。

教育不仅有利于儿童，也为企业提供了高生产率的劳动力。但在自由市场中，教育的供给却不足。这需要国家进行干预，为儿童提供义务教育（universal education）。从长远来看，教育标准的提高会使社会受益。

花蜜

授粉

▶ 种植苹果的果农为养蜂人带来了花和蜜的正外部性。养蜂人也为种植苹果的果农带来了正外部性——蜜蜂有助于苹果授粉。这是个互惠互利的关系。

社会效益

自由市场会带来社会效益（social efficiency）——以最低的成本生产商品。要实现社会效益，需要考虑社会收益、社会成本，以及消费和生产的所有外部性。

蜜蜂和苹果树

这是两种正外部性相互补充的经典例子。蜜蜂为附近的苹果树授粉，由此提供了正外部性。苹果树为蜜蜂提供花蜜，而蜜蜂又为养蜂人提供蜂蜜，也带来了正外部性。蜜蜂能为四百余种农作物授粉，如苹果、鳄梨、蓝莓、黄瓜、猕猴桃和甜瓜等。而帮助保护蜜蜂种群的人们，为食物链提供了十分重要的正外部性。

公共物品

公共物品对社会上的每个人都有益。然而，自由市场可能根本不提供公共物品。这是因为，人们可以不付出代价，就享受公共物品带来的好处。因此，尽管公共物品对社会有益，但提供公共物品的企业却可能无法获利。

公共物品的例子包括：

- 国防；
- 环境清理；
- 街道照明；
- 法律和秩序。

公共物品的特点

消费公共物品并不会减少可供他人使用的数额（公共物品具有"非竞争性"）。如果你吃掉苹果，其他人就不能享受了——一旦吃下，苹果就消失了。但是，如果你在路灯下行走，其他人仍能享受路灯的照明。

公共物品的第二个特点是：如果你提供公共物品，你并不能阻止其他人从中获益。如果你通过增加巡逻来减少犯罪，社

私人物品　　　　　　公共物品

◀ 苹果是有限的，其他人没法吃掉。而在路灯下行走，并不影响其他人享受光明。

搭便车问题

会上的每个人都会因犯罪率的降低而受益。如果你提供街道照明，那么你别无选择，只能接受每个人都享受明亮夜晚的事实。

由于你无法阻止他人消费公共物品，因此，在自由市场里，其他人可以不付钱就享受公共物品。如果你的前院有一座美丽的花园，你无法向路过花园的人们收取费用。

对改善环境、维护公共园林等公共服务而言，这带来了一个问题。提供道路照明系统会使人们从光亮中受益，但向使用这项服务的人们收费并不现实。你可以要求人们捐款，但人们希望由他人付款，自己只享受而不捐款。换句话说，人们有激励去搭有支付意愿的人士的"便车"。假设有一套防洪方案：

- 总成本为2000万美元；
- 个人收益为每人100美元；
- 人口为100万；
- 社会净收益为1亿美元。

- 相比区区2000万美元的成本，这套方案可带来1亿美元的巨大社会收益。

为了履行这套方案，每个人需要支付20美元，这要低于每个人100美元的收益。但是，人们会自愿支付20美元吗？搭便车的诱惑在于，可以让别人来支付。既然有100万人口，那么人们会选择让其他人来支付。因此，私营企业不愿提供防洪措施，因为它们不确定人们是否会支付成本。

强制征税

由于搭便车问题，公共物品通常要靠强制性的税收来支付。这意味着，你不能搭他人的"便车"。为了支付防洪方案，需要对每个人征收20美元的税款。由于防洪方案的总收益大于总成本，整个社会将从中获益。

搭便车问题

搭便车问题不止为公共物品所独有。在学生时代，如果你住过需要共用厨房的

公共物品、地方社区与大城市

假设你身处一个联系紧密的小型地方社区，希望减少该地区的犯罪。当地人举行会议，同意捐助资金，聘请私人保安。人们本来可以搭便车，但因为彼此熟络，都希望拥有好市民的名声，因此会乐于捐款。对地方社区而言，公共物品可以由自由市场和个体市民来提供。

但是，这一模式是否适用于人口500万的大城市？为个人安全捐款，虽然会使所有市民受益，但在500万人中保持匿名要容易得多，也不存为社区分担的精神。哪怕搭他人的便车，别人也不大可能知道。因此，规模越大，私营部门提供公共物品的挑战也越大。

房子，你应该目睹过现实中的搭便车行为。不少学生指望他人来清理厨房——他们会受益于干净的厨房，而不必为此付出劳动。由于每个人都希望他人来干脏活，会导致厨房长期不干净。

展厅现象与搭便车问题

展厅现象（showrooming）指的是在商店里试用产品，回家后再以更便宜的价格在网上购买。不少消费者喜欢在传统书店里翻阅图书——相对于网络上的图片，他们能获得更好的读书体验。然而，在书店浏览图书，回家后再以较便宜的价格在网上订购，具有很大的诱惑力。

如果每个消费者都在实体书店浏览图

书店	网店
12美元	10美元

◀ 实体书店要负担较高的租金，因此其图书价格较高。网店由于成本较低，通常可以按低廉的价格销售图书。但是，如果人们一直在网上买书，就会导致实体书店受损。

书，再从网上购买，那么书店就会关门大吉。展厅式购物者依赖的事实是：书店能够维持经营，是因为一些消费者愿意支付稍高的价格。一些店铺曾考虑向人们收取试穿衣服的费用，如果买下衣服，就会免掉这笔费用。

避税港与搭便车

一些跨国企业会在税率较低的国家注册，如巴哈马、列支敦士登等国，而在高税率的国家经营，成功降低了企业所得税。这些企业享受了经营所在国的政府公共支出（受过教育的劳动力、医疗补贴和基础设施支出）。但是，由于不纳税，这些企业搭了其他纳税工人和企业的便车。这些企业依靠他人缴纳的税款，获得了公共支出上的收益。

利用避税港的企业辩称，它们通过雇员所得税、商品销售税的形式间接缴纳了税款。但是，这种减轻企业税负的做法，属于轻微的搭便车行为——尤其是网络企业，他们避开了实体企业支付的地方税。如果每个企业都能在巴哈马注册，政府就必须削减支出或是寻求其他征税途径。

公地悲剧

公地悲剧（Tragedy of the Commons）指的是用户共享某个共同资源，但各自按照对自己最有利的方式行事，从而导致公共资源耗竭的情形。公地悲剧与"在自由市场下，消费者按自己的利益行事，有助于增进总体经济福利"这一理论相矛盾。

公地悲剧

◀ 在小块田地里放牧3头奶牛，草地可以再生。如果放牧10头奶牛，牧场会因过度放牧而永久性贫瘠。

土地 → 土地

健康的牧场　　　　荒废的牧场

以共有牧场的过度放牧为例，如果使用者的数量不多，那么他们可以在牧场上放牛，并且有足够的时间让牧草再生。但如果使用者太多，就会出现过度放牧，牧场永久性贫瘠，导致所有人的境况恶化。

过度捕捞问题是更贴近当代的例子。

在不受管制的海域，当代的渔民捕捞了太多的鱼，导致特定鱼类的种群开始减少，有时甚至导致特定的鱼类在某个海域绝迹。20世纪70年代，巴浪鱼（mackerel）从北海消失，而鳕鱼的种群数量则下降到了不可持续的水平。

问题是，即使个别渔民了解过度捕捞的危害，他们也没有限制捕捞的激励。如果所有渔民都把捕捞量减少25%，鱼类种群就会得到补充。然而，即便单个渔民减少其捕捞量，他如何能保证其他人也减少捕捞？假设鱼类种群的枯竭是不可避免的，那么，渔民们就有激励去搭他人节制捕捞的便车。这样一来，渔民们为了保护自身的利益，只要没到无鱼可捕的境地，他们就会最大化捕捞量。要解决公地悲剧，通常要依靠政府监管。例如，为了防止北海过度捕捞，欧盟制定了一项渔业政策，限制渔民捕捞的数量。这项政策颇受争议，因为它导致不少渔民收入下降甚至破产。这项政策努力还扭转了过去50年来鱼类种群长期下降的趋势。然而，如果没有监管，鱼类资源可能减少得更多。

庇古税

庇古税（*Pigouvian tax*）得名于英国经济学家亚瑟·庇古（*Arthur Pigou，1877—1959*），它依据的是"污染者付费"的原则。如果消费过量生产的产品造成了负外部性，那么，消费者或生产者应该为该产品缴纳税款。换句话说，消费者和生产者应该承担该商品的全部社会成本。

庇古用酒水来举例。他认为，销售酒水会给社会带来外部成本——增加警力、监狱和医疗方面的支出。销售酒水的商人们会获得丰厚的边际收益，但他们并不承担由此造成的外部成本，而这些成本由警力和医疗系统承担。

假设一瓶啤酒的价格为4美元。对社会而言，消费啤酒的外部成本为：与肝脏损害相关的医疗费用2.50美元，以及因醉酒导致的犯罪、社会失序成本1.75美元。

这意味着，一瓶啤酒的社会边际成本是：4美元+2.5美元+1.75美元=8.25美元。

在自由市场上，一瓶啤酒的价格是4美元。要纠正上述外部成本，那么，啤酒的社会有效价格应为8.25美元——

▲ 啤酒的成本是4美元，外部成本是4.25美元。庇古税使啤酒的价格提高了4.25美元，最终价格达到8.25美元——总社会成本。

这是价格的两倍还多。政府应该对每瓶啤酒征收4.25美元的税款。

对酒水的需求可能缺乏价格弹性（参见第46页），但对酒水征税会减少一部分过度饮酒的行为。较高的价格会使人们在夜间外出时，把酒水的需求从7瓶减到5瓶。而恰恰是最后两瓶酒导致了醉酒，占到了社会外部成本的大部分。

▼ 从理论上讲，垃圾处理税是有益的。但这会产生意外的后果，即人们会随意丢弃垃圾，从而逃避合法处理的费用。

商品税太高

如果税收太高，人们就会逃税。垃圾处理税就是个很好的例子。征收垃圾处理税的原理是：处理填埋垃圾会带来外部环境成本，而收税会鼓励人们减少垃圾的产生。

但是，如果合法处置垃圾的成本太高，无良的人们就会非法倾倒（**fly-tipping**）。人们会把垃圾扔在荒地甚至城市的街道上——这有碍观瞻（这本身就是一种外部成本），当地市政要花费更多的资金来处理。同样，如果对酒水收取的税太高，就会鼓励人们自行酿造或是走私，从而完全避开政府的税收。

我们应该为糖缴税吗？

世界卫生组织称，糖会导致严重的健康问题。糖被认为是导致肥胖、糖尿病、龋齿等健康问题加剧的原因。饮用含糖饮料会给社会带来外部成本，尤其是健康状况欠佳会导致医疗费用增加、经济增长下降，因此，对含糖饮料和食品收取庇古税有充分的理由。而相应的税收可用来改善医疗，促进健康饮食方面的教育。

▲ 糖对健康有害，并且增加了大众的医疗和牙科诊疗成本。税收会鼓励消费者转向其他饮料，而征收的税金可用来处理糖的消费带来的成本。

收入中性

对糖征收较高的税，可以抵消销售税或所得税的减少。换句话说，政府可以不提高整体税负（tax burden），而只是把税负从一类商品转移到具有负外部性的

税收中性

◀ 如果增加糖税，征收到100亿
美元的税款；那么可以把所得税
等量减少100亿美元。征收糖税
的目的不是增加整体税收，而是
把税负转移到社会成本较高的商
品上。

糖税
100亿美元

所得税
100亿美元

商品上。

　　庇古税的目的不是增加总体税收，而是让消费者
和生产者支付总的社会成本，抵消负的外部性。对含
糖饮料征税虽然可能性不大，但此举能够增加社会福
利，鼓励人们消费无糖的替代品。

　　自20世纪60年代以来，西方国家的吸烟率下降，
对烟草征收重税是其中一个原因。1965年，美国有
43%的成年人吸烟；到2015年，只有17.3%的人吸
烟。烟草税降低了吸烟率，促进了预期寿命的延长，
降低了医疗成本，来自健康劳动力的产出增加了。烟
草税还筹得了数十亿美元的资金，用于治疗与吸烟相
关的疾病。大多数人都认为，烟草税是增加税收的有
效途径。或许在未来，人们也能够接受糖税。

第二章　市场失灵　**67**

农业

在西方，农业获得的补贴要多于其他产业。经济学家在描述完全竞争条件时，经常会用农民在市场上与众多买家交易苹果和梨的例子。然而，农业很容易受到市场失灵的影响——这也是农业获得政府补贴最多的一个原因。

为什么好收成对农民来说是坏消息？

假设一款新化肥使农作物的产量增加了20%。这对农民有好处吗？乍看之下，这对农民有利，因为产量会增加。但是，如果所有农民都花钱购买新化肥，把产量增加20%，就会导致价格暴跌，收入下降。

缺乏弹性的需求

农产品的需求相对缺乏弹性。如果供给增加，很难卖掉过剩的农产品。人们并不会因为胡萝卜便宜而吃得更多。如果农产品供给过剩，农民会降价出售没人要的产品。

供给量增加20%会导致价格暴跌40%，而需求可能只增加5%。销售额增加5%，并不能弥补胡萝卜价格下降40%给农民造成的损失。结果是，农民收入下降，一些人破产。

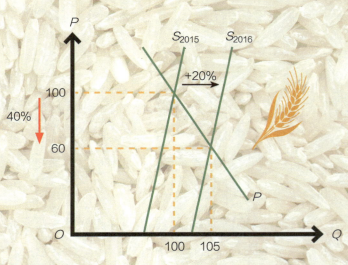

2015年收入　100×100美元　=10000美元
2016年收入　105×60美元　=6300美元

▲ 2015年，数量为100，价格为100美元。2016年，供给量增至105，但价格暴跌至60美元。价格下跌导致农民收入大幅下降。

具有讽刺意义的是，好收成导致一些农民破产。但是，如果某一年有20%的农民破产，第二年收成欠佳，结果可能是农产品短缺、价格上涨。从本质上说，农业是个不稳定的行业，因此，稳定价格、保障供给具有充分的理由。

蛛网理论

蛛网理论认为，农产品价格可能存在波动

- 第一年：供给不足，价格上涨。较高的价格刺激第二年增加供给。

- 第二年：供给量的增加导致价格下跌。低价导致农民破产。

- 第三年：供给不足，价格上涨。

蛛网理论假设农民总是参考上一年的价格来进行决策。

▼ 农产品市场上的价格可能有波动。上一年的过度供给会导致农民在第二年减少供给。然而，供给减少会导致价格再次上涨。

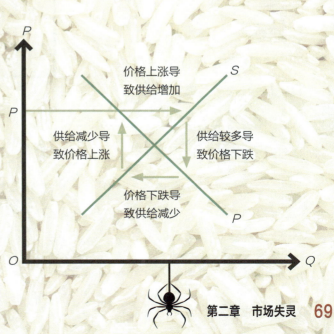

政府失灵

政府失灵（government failure）是指：政府对经济的干预会造成严重的低效和资源浪费。然而，重新考察农业的情况，我们会发现，政府干预是有道理的。但在实践中，政府可能会带来一系列新问题。

20世纪70年代，欧盟（时称欧洲经济共同体，简称欧共体）实施了共同农业政策（Common Agricultural Policy，CAP），其目的是在动荡的农产品市场上，保持价格和供给的稳定。欧盟设定了食品的最低价格，征收进口关税，使欧洲的农民收入获得保障。

问题是，最低食品价格鼓励农民加大供给。农民增加了化学药剂的使用（此举破坏了环境），尽可能地增加产量——因为他们得到保证，能按最低价格出售。这意味着，消费者需要支付更高的价格（消费者似乎没有注意到这一点）。此外，对其他国家的农民，这是个坏消息，因为进口关税的缘故，他们无法把农产品出口到欧共体。

这对欧洲的纳税人同样不利：欧洲经济共同体一度要

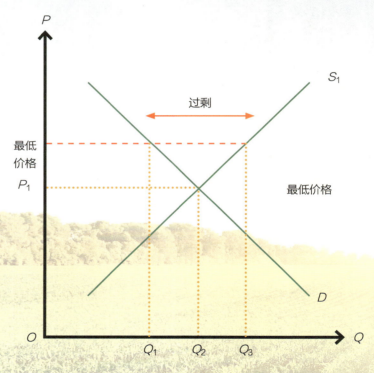

▲ 如果最低价格高于均衡价格 P_1，就存在过剩（供大于求）。要把价格维持在最低水平，政府需要购买（$Q_3 - Q_1$）的过剩。

花掉预算的逾70%来购买无人问津的食品。这项计划导致粮食储备过剩（所谓的黄油山、葡萄酒池）。最终，食品被"倾销"（低于成本的销售）到全球市场上，其他国家的农民承受了价格下跌、收入下降（以及向欧共体支付高额的出口关税）的影响。

意外后果定律

意外后果定律（law of unintended consequences）指的是，出台改善某个问题的规章，会引来另一个问题。农业补贴旨在稳定农民收入、确保粮食供给。但这造成了意外的后果——别国农民的生计受到影响，过度使用肥料，纳税人负担增加。政府的政策解决了一部分问题（价格下跌、粮食短缺），却也附带产生了许多新问题。

游说

政府面临的下一个问题是，一旦商业利益团体习惯了慷慨的补贴，他们就不想失去补贴！欧美的农民都竭力游说政府，维持高额的农业补贴。取消补贴可能具有经济意义，但不具有政治意义。而最简单的做法，或许是继续向强大的既得利益者支付补贴。

共同农业政策的改革

经过多年的艰苦谈判，欧盟的共同农业政策经历了缓慢的变革，最低价格得以降低，食品供给过剩的情况也已根除。然而，农民仍能获得补贴——很大一部分只与他们拥有的土地量相关（对于富裕的地主来说，这是个好消息）。请记住，政府失灵并非不可避免。设计出与环境友好型耕种相关的补贴，从改善农村生活开始是有可能的，只是需要有效的规划。

美国的玉米糖浆

观察美国的食品包装你会发现，"高果糖玉米糖浆"（high fructose corn syrup，也作"高果糖浆"）几乎无处不在。但颇具讽刺意义的是，玉米糖浆虽被认为与肥胖有关，但对玉米的补贴却不低。1995—2012年，美国在农业补贴上花费了约2770亿美元，其中817亿美元用来补贴玉米的生产。实际上，美国政府是在补贴垃圾食品行业。

CHAPTER 3

第三章

劳动市场

LABOUR MARKETS

工资的决定

一些顶尖运动员每周能赚得20万英镑的薪水，很多人都希望能够胜任他们的工作；厕所清洁工每周只能赚取400英镑的工资。这是为什么？原因是，工资与商品和服务一样，由供需两方面的因素决定。工资最重要的决定因素是：劳动力供给。

每个人都基本具备水果采摘工的资格。只要你身体不错且有意愿，就能担任这份工作，因此，采摘工有很大的潜在供给量。工资略微上涨，就会激励更多的人从事采摘工作。

但对法律等行业而言，具备从业资格

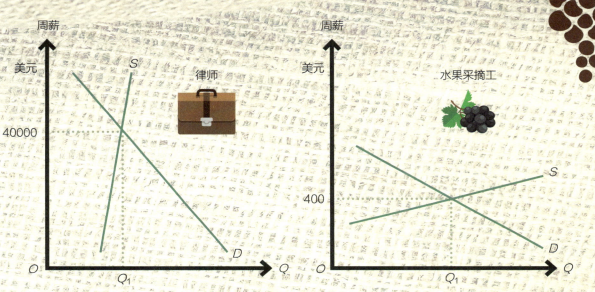

▲ 由于律师的供给有限（需要资格）、需求较高（企业愿意支付高工资），其周薪可高达40000美元；水果采摘工的供给则大得多（许多人都具备资格）。由于水果采摘工的利润附加值较低，因此对采摘工的需求要低于律师。

的人数十分有限。若想成为一名律师，可能需要五年时间才能获得相关学位、接受必要的法律培训。由于法律行业的劳动力供给缺乏弹性，哪怕律师的薪水上涨**10%**，从事律师的人数也不会增加太多。

一名优秀的律师能帮企业省下数百万美元的诉讼费或法律成本；因此，企业愿意支付较高的费用聘用最好的律师。律

师的供给有限，加上企业有支付高额费用的意愿，使得律师可以收取较高的时薪。相比之下，果农们不愿意向水果采摘工支付高额工资，因为水果市场的竞争十分激烈，必须压低成本。而水果采摘工的劳动力需求是有弹性的，因为很多人都愿意担任这份工作。这些原因导致采摘工的工资要低于律师。

经济租金

经济租金（economic rent）指的是：实际收到的工资与你愿意承担这份工作的工资之间的差额。水果采摘工的经济租金可能很低，他们得到的工资，可能只比他们愿意工作的最低工资略高一点。但是，一名顶尖的足球运动员的经济租金可能很高。例如，莱昂内尔·梅西（Lionel Messi）愿意领取每周1000欧元的工资来踢足球。但是，具有梅西这样技能的足球运动员仅此一个，其供给是完全缺乏弹性的。倘若梅西表现良好，每赛季的进球数达到50，对他所在的足球俱乐部而言，就意味着数百万欧元的收入。因此，梅西能够享受高额的经济租金。

▶"莱昂内尔·梅西仅此一个"。对工资合同的谈判而言，这十分有用。梅西可以利用其稀缺性和盈利能力，要求高额工资。

劳动分工

在生产过程中为工人安排特定工作任务的行为，称为劳动分工（*division of labor*）。让一名工人制造出一辆汽车，需要多长时间？可能要几周，几个月，甚至几年。但是，如果让工人在流水线上安装汽车轮胎，那么，他一天之内可以为1000辆以上的汽车装好轮胎。

由于汽车制造流程复杂，劳动分工是自然而然的事。劳动分工具有以下优点：

- 工人需要的培训较少，甚至非熟练工人也颇为高效。
- 可以改善工人的健康和安全，因为他们不必在工厂内到处走动，需要的工具也较少。
- 工人能够集中精力，专注最擅长的环节。
- 生产力提高，工人能够获得更高的工资。

劳动分工的问题

流水线的工作会变得重复而枯燥。即使能够领取高额的薪水，也会造成较高的人员流动——换言之，一部分新工人并不

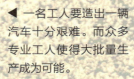

"从事特定任务的人，必然会做到最好。"

——色诺芬，希腊哲学家（《居鲁士的教育》，公元前370年）

劳动分工

流水线

一名工人　　　　　　多名工人

◀ 一名工人要造出一辆汽车十分艰难。而众多专业工人使得大批量生产成为可能。

劳动分工与亨利·福特

美国实业家亨利·福特（Henry Ford）并不是第一个使用流水线的人。但在1913年，他采用的劳动分工、流水线，达到了前所未有的规模。福特的汽车新型生产系统非常高效，这使1908—1912年，福特T型车的价格下降了30%。福特不仅向工人支付了5倍于平均水平的工资，还缩短了每周的平均工时。由于制造汽车的速度太快，福特只能使用日本黑漆，因为这是唯一干得快的油漆。流水线革命很快扩散到世界各地，促进了制造品价格的下降，以及工人实际工资的上涨。

会在工作岗位上待太久！

劳动分工造成的工人异化（alienation of workers，即工人与劳动的分离。马克思认为，工人付出劳动后，劳动产品便成了"一种异己的存在物，作为不依赖于生产者的力量，同劳动相对立"。——译者注）遭到了卡尔·马克思的批判。19世纪时，拉尔夫·沃尔多·艾默生（Ralph Waldo Emerson，1803—1882）、亨利·大卫·梭罗（Henry David Thoreau，1817—1862）等美国哲学家开始担心，劳动分工会导致人们脱离生产过程。或许是批量生产的产品缺乏个性色彩（personal touch），随着西方社会的发展，人们对手工制作的产品恢复了兴趣，尽管这些利基产品（niche products）只占市场的一小部分。

最低工资

最低工资是一项政府规定,旨在防止企业支付的时薪低于一定水平。最低工资的目的是提高低收入者的工资、减少不平等。不过批评者认为,若最低工资定得过高,就会导致失业。

制定全国最低工资的好处

- 增加最低收入者的工资。近年来,不平等有所加剧,而制定最低工资有助于缩小人们的工资差距。

- 提高工资可以激励企业提高劳动生产率,例如,投资提高劳动效率的技术。长期而言,相比用低薪来保持竞争力,高薪、高技能的劳动力通常更有利于经济。

- 提高劳动力市场参与率。提高工资会激励更多的学生、失业人员、有子女的人士进入劳动力市场。

- 随着工会组织的衰落,不少工人在获得高薪方面的议价能力有限。

全国最低工资的问题

提高全国最低工资水平的最大问题在于:企业成本上涨,从而减少雇用的工人。从理论上说,最低工资可能会导致失业。

在最低工资高于均衡水平的情况下,需求下降、供给增加,造成$Q_3 \sim Q_2$部分的工人失业。最低工资还鼓励人们避开劳动力市场的规定,进入"灰色经济"(hidden economy),或是把自己重新归为"自雇人士"(self-employed)。这会

▶ 最初，在 W_1 的工资水平上，工人的供给（S）=对工人的需求（D）。如果政府规定全国最低工资为ＮＭＷ，那么工人的供给（S）会超过需求（D），导致 $Q_3 \sim Q_2$ 部分的工人失业。

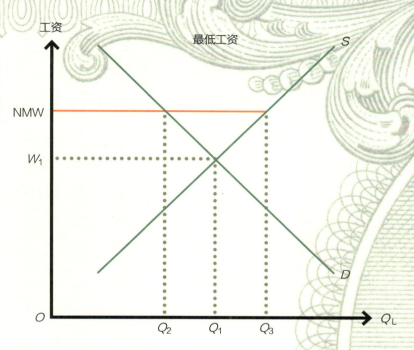

使工人遭受的剥削甚于以往。

实证证据

提高最低工资对就业有何影响？这方面已经有大量的实证研究。大多数研究发现，在增幅相对较低的情况下提高最低工资，不会造成比较严重的失业问题。在劳动力需求缺乏弹性的情况下，企业似乎愿意为工人支付更高的工资。但是，劳动力市场并不是完全竞争的，有的企业拥有买方垄断力（monopsony power，即设定工资的垄断权）。因此，一些企业能够人为

地把工资定在较低水平，而最低工资有助于纠正这一问题。

赢家与输家

最低工资对不同行业造成的影响并不相同，有些行业受到的影响更大。例如，美发行业对工资成本的依赖度较高，最低工资的上涨会导致劳动力成本大幅增加，使该行业无利可图。盈利的跨国公司能够承受工资上涨的影响，但保本经营的小型独立零售则会受到不利影响。

买方垄断

买方垄断（monopsony）指的是企业在雇用工人方面拥有市场力的情形。纯粹的买方垄断（puremonopsony）是指工人们仅有一个潜在雇主的情形。此时，工人实际上是有效工资的价格接受者。如果他们不接受低收入的工作，就根本找不到工作。

买方垄断的例子包括：

- 政府雇用的消防员；
- 只有一个主要雇主（如煤矿、棉纺厂）的乡镇工人。

买方垄断在工业革命期间十分常见。

当时，一个大雇主通常主宰一个乡镇。由于交通不便，教育程度较低的工人无力去其他地方寻找不同的工作。他们通常沦为被圈禁的工人（captive workers），容易遭受该地区主要雇主的剥削。

买方垄断理论认为，企业要获得最大利润，可以雇用较少的工人，并支付低于

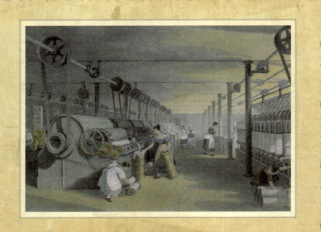

◀ 工业革命造就了大型企业，这些企业通常主宰整个乡镇。人们的就业选择往往局限在当地的工厂或矿场。

工会　$100　$80　买方垄断

◀ 强大的买方垄断可以将工资降低到80美元，但如果工人成立工会，他们就能通过讨价还价，让工资涨回100美元。

竞争性市场的工资。这会造成社会效率低下，由于产出较少，受雇的工人较少，工人得到的工资也较低。唯一的赢家是获得较高利润的企业。

工会与买方垄断

19世纪末，许多工人觉得工资太低，工作条件也不公平。为了应对雇主的买方垄断权，工人们开始组建工会（trade union）。

工会的目标是：提高工人的工资，提供更好的工作条件。

工会可通过威胁罢工来平衡雇主的权力。罢工行动可能会导致企业利润受损。有时，企业确实会以提高工资、改善工作条件来回应工会，但这并不多见。企业拥有较多的资源（利润）安然度过罢工时期，迫使员工接受同样的工资，重新返回工作岗位。

买方垄断至今仍然存在吗？

从理论上说，工人能够找到工资更高的工作。但现实中，工人要更换工作可能困难重重。换工作需要大量的时间，要做好准备、参加面试才能获得新的工作。许多工人会继续为目前的雇主工作，而不是去寻找薪水略高的新工作。此外，还有地理上的流动障碍——搬到伦敦或纽约并非易事，那里工作机会虽然更多，但生活成本也很高。

劳动合成谬误

劳动合成谬误（*lump of labor fallacy*）牵涉到"经济体中可以获得的工作数量是固定的"这一争论。如果工作岗位的数量有限，就可以认为，移民会抢走当地工人的工作机会。如果移民获得了工作机会，肯定有人失去了工作机会。

然而，"工作岗位数量固定不变"的观点是个谬误。找到工作的移民，会把赚取的收入花到经济体的其他部分，创造新的就业机会——因此，工作岗位的数量并不是固定不变的。移民增加了劳动力供给，同时也增加了劳动力需求。移民还会接受所谓的"三低工作"（3D jobs，三个D对应英文的dirty，dangerous和demeaning）——清洁度低、安全度低、地位低，企业也很难找到移民之外的人来填补这些空缺。

若一个国家经历了净移民，那么，新

▼ 移民导致人口规模增加，也使就业岗位增加。

劳动力=300万　　　　　　移民　　　　　　劳动力=400万

100万

300万个工作　　　　　　　　　　　　　400万个工作

美国的大规模移民

1880年至1920年，美国吸纳了逾2000万移民。这并未导致失业率上升，而是促进了美国经济的迅速扩张，使之成为全球最大的经济体。在此期间，工人的实际工资是上涨的。

增的工人会用工资购买公共物品和服务，产生额外的需求，进而产生额外的工作岗位。由于总需求增加，企业需要更多的工人来满足经济的不断增长。换言之，移民能够填补多少工作岗位，就会创造出多少新工作岗位。如果人口扩张，那么可获得的工作岗位不会保持不变，而是会增加。

失业时期存在移民？

如果一个经济体同时出现高失业率和净移民，在这种情况下，移民会造成失业增加吗？原理同样适用：移民可能会找到工作，总体失业率不一定会上升。在其他条件不变的情况下，劳动供给的增加会提高总体失业率。问题是，失业的人会认为，他们失去的工作岗位被移民夺走了。但移民本身并不是失业的原因。失业的原因可能是周期性因素（如经济萧条）或结构性因素（如缺乏相关技能）。

对劳动合成谬误的批评

有人认为，劳动合成谬论并不总是成

立。在某些情况下，移民会导致失业。

首先，如果移民来到美国，愿意接受工资较低的工作，那么本地工人会由于实际工资遭遇失业——他们因为不愿意大幅降低工资，从而找不到工作。

如果移民找到了工作，但是把大部分工资汇回祖国，会如何呢？在这种情况下，国内总需求的增长将十分有限。但现实中，移民需要花费工资的较大比例，用于支付生活费用。

当然，一些移民的技术水平要显著高于本地工人。在这种情况下，若雇主需要填补熟练工人的职位空缺，他们会偏好于雇用高技术移民，而不是低技术的本地工人。

降低每周的工时会增加就业吗？

有人认为，为了降低失业，政府应当减少工时。倘若工人每周工作40小时，而政府把最高工时限定为30小时，那么企业需要雇用更多的工人来弥补短缺。每名工人的收入可能降低（因为工时缩短），但社会效益会更高，因为此举会创造更多的就业机会。

这听上去合乎逻辑，但是现实中，削减每周的工时并不能解决失业问题。雇用更多的工人是有成本的，其中包括：行政成本、培训成本，以及额外的管理成本。因此，企业的应对办法是提高生产力，但不扩大劳动力规模。同时，如果工人的工时减少、工资下降，他们会减少开支，从而导致需求下降。

此外，企业可能无法雇到足够熟练的劳动力。许多管理人员和工人的技能和经

降低工时

 10人 × 40小时 400工时

 11.4人 × 35小时 400工时

把工时减少到35小时，意味着雇用的人数要增加到1.4倍。

◀ 这个观点认为，把每周的工时从40小时降低到35小时，会创造更多的就业机会，从而降低失业率。

验是不可或缺的——雇用新的工人，不一定能够复制这些技能和经验。相对于其他生产要素，劳动力的变数更大。

法国的每周 35小时工作制

2000年，法国政府推行了35小时工作上限的制度。工人们对这项措施较为欢迎，因为每周的工时缩短了。但并没有什么证据表明，这项措施减少了失业人口。2010—2016年，法国的失业率明显高于美国、英国等劳动力市场更为灵活的国家。有观点认为，对劳动力市场施加限制，例如推行35小时工作制，会极大地阻止企业雇用工人。

性别不平等

在大多数西方经济体中，女性的平均工资要低于男性。最近几十年里，虽然薪酬差距有所缩小，但女性的平均工资仍比男性低20%。哪些经济理论可以解释这一现象呢？

学历。过去，男性更有可能获得学位和专业资格，这解释了为何男性会获得更高的工资。近年来，虽然男女在教育上的差距不断缩小，但即使处于同一教育水平，薪酬上的差距仍然存在。毕业十年后，拥有高等学位的女性，只能获得同等学力男性薪酬的77%。

劳动生产率。男性在重体力劳动方面占有优势，但是，现代经济本质上以服务业为主，这一优势不再成立。在现代经济中，对劳动力的需求侧重于知识和服务技能，而不是搬运煤炭。

市场力。体育运动是一个存在明显工资差距的领域。对大多数运动项目而言，男性运动员的报酬要高于女性运动员。在网球等运动中，这一差距显著缩小了。但

在美式橄榄球、棒球等运动项目上，男子比赛的报酬要高于女子比赛。要改变工资结构，需要大幅提高女子棒球运动员的报酬，增加对女子棒球运动员的需求。

歧视。在不太遥远的过去，工厂里同样的工作，女性获得的报酬要低于男性。这种赤裸裸的歧视，被英国1970年《同工

同酬法》（*Equal Pay Act*）裁定为非法。自该法案通过以来，女性的收入从1960年占男性收入的60%，上升到了2016年的80%。

玻璃天花板。从立法上禁止同工不同酬的情况并非难事。但是，要区分不提拔女性或少数族裔的雇主，却并不简单。若是得到的时薪较低，这种歧视一清二楚；但若是没有得到晋升，那人们如何知道，这究竟是歧视还是其他因素造成的？有人认为，高层职位和董事会中女性的数量有限，是隐性的"玻璃天花板"（glass ceiling）造成的——这个隐喻是指，不愿意聘用女性任职薪水最高的工作。

加班。有人认为，这是男性报酬更高的一个原因。即男性主要从事蓝领工作，而蓝领工作会支付额外的加班费。而属于白领的服务业，不太可能获得加班费。

职业间断。女性因生育而中断工作，或许是对工资差距持续存在最有力的解释。女性35岁时的薪酬是男性的90%，但在55～64岁年龄组，女性的薪酬下降到了男性的74%。女性为生育子女而暂停工作意味着：女性会丧失工作所需的技能，导致升职、涨薪的可能性降低。另一个因素是，企业有激励聘用不用休产假的工人，因为企业需要支付产假期间的工资，寻找接替的员工。有人认为，由于企业希望规避产假的成本，会导致对女性的歧视。从企业的角度来看，这是有效降低成本的办法。

人口老龄化的经济学

　　众所周知，西方社会存在人口老龄化问题。据2014年美国人口普查估计，2012—2050年，65岁以上的人口将从4310万增加到8370万，老年人将增加近1倍。

　　老年抚养比（old-age dependency ratio）的计算方式是：65岁以上人口除以18～64岁的人口，再乘以100。由此得到的美国老年抚养比为：

- 1940年：11%；
- 2010年：21%；
- 2050年：36%。

　　对美国而言，老年抚养比的上升是个挑战；但对意大利、日本等国来说，这是个更大的挑战。预计日本的老年抚养比率将从2005年的30%上升到2050年的70%。

　　老年抚养比上升的原因是，20世纪60年代出生的"婴儿潮"一代步入了老年，同时，预期寿命有了显著提高。

人口老龄化的影响

- 税收。退休人士缴纳所得税和社会保险金较少。对没有工作的老年人加税并非易事。

- 应享权益支出上升。应享权益（entitlement spending）指的是政府应当履行的支出，包括医疗保险和社保养老金。

- 预算赤字。税收收入下降加上政府开支上升，会给政府带来不愿面对的两难境地：要满足老龄化人口的需要，需要提高税率；对面临高税率的工人而言，增税没有任何明显好处——此举只是为了支付不断增加的医疗保险和退休金账单。

- 劳动力短缺。随着人口的老龄化，劳动人口占总人口的比例会降低。一国的经济能否填补各种职位空缺，特别是在医疗领域？

- 经济体内部各行业的变化。人口老龄化会导致现有各部门发生变化——也许是教育部门缩小，而医疗部门的重要性提高。

- 储蓄。老龄人口的支出和储蓄习惯有所不同。相对较高的储蓄水平，会导致对政府债券的需求增加，债券的收益则备退休之用。

前景是否黯淡？

人口老龄化意味着政府举债不可避免，且债务会持续上升。这种现象容易引发对末日场景的想象。应该记住，美国等主要经济体已经着手应对老年抚养比上升的问题。1940年至2010年，老年人的比例翻了一番，与此同时，生活水平也有了显著提高。由于经济增长和技术进步，各大经济体经受住了老年抚养比增长带来的压力，没有产生任何明显负面的影响。如果经济持续增长，国民收入就会大幅增加，就能支付上涨的医疗成本。

人口老龄化问题的解决办法

- 提高退休年龄。面对人口老龄化，提高退休年龄是个显而易见的解决办法。维持退休时间占寿命的比例不变，是其中的一种办法。如果寿命提高，要维持这一比例不变，那么必须提高退休年龄。

- 半退休。在服务业占主导的现代经济体中，工作与退休之间的界限并不明显。达到退休年龄后，人们有更多的机会继续工作，至少是兼职工作。

- 移民。移民是个颇受热议的政治话题。面对迅速老龄化的人口，移民仍是个有效的解决方案。移民往往处在工作年龄，因而有助于遏制老年抚养比的增长。日本在移民方面制定了非常严格的法律，从而经受住了老年抚养比急剧上升带来的压力。若没有移民，日本要填补建筑等不受青睐的体力劳动岗位，并非易事。

提高退休年龄是否公平？

如果人们的寿命延长，退休年龄就会提高。提高退休年龄的好处是：减少政府对养老金的支出，增加税收，提高经济体的生产能力。也难怪经济学家对此十分热衷。但这还涉及公平问题——提高退休年龄，对某些工人的影响更大。

高收入者可以用可支配收入来投资私人养老金、偿还抵押贷款。因此，提高退休年龄对他们来说并不重要——他们可以靠私人退休金过活。而低收入人群会把收入的很大一部分花到租金上，他们并没有这份奢侈，必须继续工作。

此外，很多低收入工作对体力的要求较高。如果在仓库工作，搬箱子，全职工作到70岁，是非常有挑战性的。不少提倡提高退休年龄的经济学家和政客们，或许做着舒适的案头工作，还有私人储蓄，可以提早退休。

最后，人们开始工作时，可能假定退休年龄会维持在65岁，并做了相应的预算安排。如果退休年龄增加到70岁，人们会有受骗的感觉。

收入效应与替代效应

如果你的时薪从每小时10美元增加到每小时20美元，你会延长工作时间还是缩短工作时间？大多数人会工作更长时间，因为工作变得更有吸引力了。如果你的时薪从每小时10美元增加到了每小时1万美元，你会延长还是缩短工作时间？大多数人会减少工作，因为缩短工作时间也能达到收入目标。

时薪

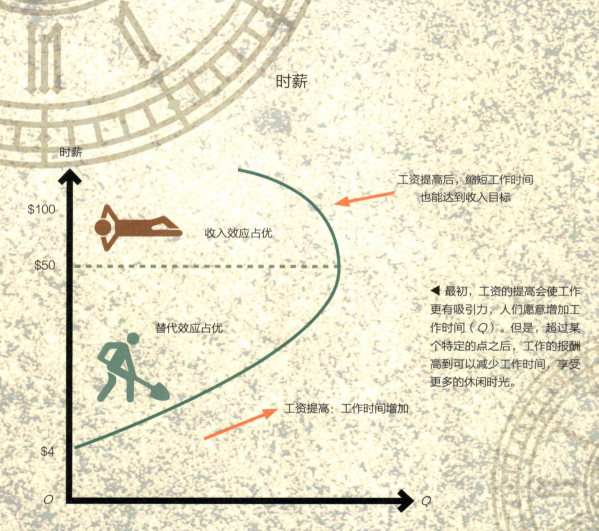

工资提高后，缩短工作时间
也能达到收入目标

收入效应占优

替代效应占优

◀ 最初，工资的提高会使工作更有吸引力，人们愿意增加工作时间（*Q*）。但是，超过某个特定的点之后，工作的报酬高到可以减少工作时间，享受更多的休闲时光。

工资提高：工作时间增加

你或许没有意识到，在回答上述问题时，你在收入效应和替代效应之间斟酌。替代效应是说，工资越高，工作比休闲（休闲即不工作）更具吸引力。简言之，工资提高让你更有动力去工作。

然而，工资提高还存在收入效应，即：工作较少的时间就能完成收入目标，你可以享受更多的休闲时光。如果你的时薪是每小时10000美元，那么每年工作一天，一天工作8小时，就可以赚得80000美元。对有些人来说，这是他们需要的全部

收入——他们可以把剩下的时间用来周游全世界。如果你每小时赚10000美元，你就不大可能为了支付账单，每周工作45个小时。

对有些人来说，替代效应强于收入效应。高工资会鼓励你增加工作时间。但对需求有限的人而言，收入效应更为关键。请记住，每个人都是不同的。

一名在快餐店工作的学生，每年需要赚15000美元来支付大学教育费用。卖汉堡并不能给他们带来享受，他们宁愿为考试而学习。如果时薪提高，他们就可以减少工作时间，实现目标收入。在餐厅工作的好处是灵活，他们可以要求减少工作时间。

与这名学生相比，其他人的支出项较多。驾驶昂贵的汽车、穿着设计师定制的服装，会给他们带来满足感。如果时薪上涨，他们会十分高兴，因为他们赚得更多，可以购买更多的奢侈品。在这种情况下，替代效应占主导地位，他们更愿意加班。

工作与生活的平衡

过去，不少经济学家曾预测，实际工资的上涨会使人们缩短工作时间。20世纪上半叶，的确发生了这种情况：实际工资上涨，每周的平均工作时间从60小时下降到了40小时。换句话说，如果实际工资上涨，人们的收入增加，工作时间会减少。

1930年，约翰·梅纳德·凯恩斯撰写了一篇文章，题为《我们后代在经济上的可能前景》（*Economic Possibilities for Our Grandchildren*）。他认为，未来人们每周会工作15小时。但这一预测未能成为现实。2014年，美国全职工人每周的平均工作时间是47小时。

凯恩斯的预测是，人们每周工作15小时，并且工资会上涨。但在战后的岁月里，每周平均工时下降的趋势戛然而止。近几十年来，人们工作时间更长了。为何实际工资上涨，人们工作时间反而增加了呢？

- 人们感觉到生活成本上涨。
- 人们喜欢工作，或者至少认为削减工

作时间有难度。美国经济学家理查德·弗里曼（Richard Freeman），在20世纪下半叶曾说，"工作狂型的富人取代了无所事事的有钱人"。

- 美国总统西奥多·罗斯福（Theodore Roosevelt）认为："生活能够提供的最佳奖赏，无疑是有机会在值得做的工作上努力"。换句话说，对许多人而言，生活的目标并不是最大化休闲的机会，而是在值得做的工作上努力。

- 企业不希望受过训练的员工减少工作时间。哪怕你想减少工作时间，也可能别无选择。

- 要买的商品越来越多。五十年前，并没有这么多的设计师定制服装、出国度假机会和电子产品，而现在，这些被认为是必需品。

减少工作时间？

对于在家工作的自雇人士，互联网使他们能够减少工作时间，同时获得丰厚的报酬。2007年，蒂莫西·费里斯（Timothy Ferriss）《每周工作四小时》一书的风靡说明，至少有一部分人希望减少工作时间。尽管如此，很难找到一个每周实际只工作四小时的人。

第四章

CHAPTER 4

企业经济学

BUSINESS ECONOMICS

效率

效率侧重资源的最优生产和最优分配。

效率有不同的类型：

- 生产效率——以最低的平均成本来生产产品。
- 配置效率——商品的最优分配，确保消费者的收益等于生产成本。
- 动态效率——随着时间的推移，逐步提高效率。1928年，福特汽车公司曾是效率最高的汽车生产商。但到20世纪70年代，福特未能以同样的速度提高生产率，已经落后于日本的竞争对手。社会效率——包含所有的外部性、私人的成本和私人收益。

效率为何有不同的类型？

在共产主义经济体，政府的五年计划通常导致钢铁、军靴、小麦等物资的产量大幅增长。为了实现这些宏伟的目标，人们付出了巨大的努力来提高生产效率。但问题是，人们不一定需要或想要全部的钢铁、军靴和小麦。

换句话说，这属于生产效率（以低成本生产），而不是配置效率（根据需要和偏好来分配）。曾经有个关于苏联鞋靴厂的故事，这家工厂生产了成千上万双靴子，但由于供大于求，该厂每周都要烧掉多余的靴子。但由于产量超出配额，工厂

100瓦的标准灯泡

3×33瓦的节能灯泡

◀ 0.1度电能够点亮一只标准灯泡，也可以点亮三只崭新的节能灯泡，二者能耗相同，但后者更明亮。

較高的產出 = 5只鞋子，但只能配成一雙　　　　　配置效率 = 2雙鞋子

▶ 較高的產出是指生產了五只鞋子，但只能配成一雙。較高的配置效率是指，生產出了兩雙鞋子。

獲得了獎勵。高效生產是指每單位產出使用最少的資源，但這不是唯一要考慮的因素。

效率與公平

另一個問題是效率與公平之間的潛在權衡。如果把國有壟斷企業私有化，新企業的業主就會努力增加利潤、降低成本。為了提高效率，他會解僱多餘的勞動力。這會提高經濟體的效率，但也會對失業、公平造成負面影響（至少在短期內）。

同樣，"零時工合同"（zero-hour labor contract，一種僱員需要隨叫隨到，薪水按實際工作時間而定的新型勞動合同。——譯者注）會提高企業的效率。如果業務並不繁忙，企業可以聘用"零時工"，向他們支付5個小時的工資。如果對工人的需求量較大，企業可以向工人支付40個小時的工資。此舉降低了企業的成本，同時提高了效率——但對工人而言，這意味著有幾周他們領取的工資很低。對各種效率目標的追求，會使企業把工人逼到極限。但是，如果工人失去動力，或是承擔太多的風險——例如讓負責配送的司機按件領取薪水，則會產生適得其反的效果。

效率工資理論

效率工資理論是說，提高工資能提高效率，因為工資較高的工人更忠誠、更積極、更有成效。

规模经济

在各种效率类型中，规模经济（economies of scale）最为重要。提高产出会降低长期平均成本，从而带来了规模经济。

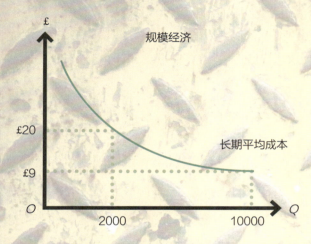

▲ 生产2000个单位，平均成本为20英镑。将产量提高到10000个单位，平均成本会下降到9英镑。

如果一家大型汽车厂只生产一辆汽车，那么汽车的平均成本会很高。随着生产的汽车越来越多，平均成本会下降。如果你有一大笔资金来筹建工厂，你需要生产很多产品才能达到高效。

什么导致了规模经济?

固定成本的摊薄。建造一家工厂要花1亿美元，如果只生产一辆汽车，那么平均固定成本为1亿美元；如果生产50万辆汽车，则平均固定成本降为200美元。

专业化。如今，汽车和计算机生产的专业化程度已经很高，生产通常在全球各地进行。电池的原材料可能来自非洲；式样的设计在美国；零件的组装在亚洲。专业化提高了效率，但要求产量达到相当的规模。

劳动分工。把生产过程拆分成不同的任务，让员工更加专业化。但如果装配线上有数千项不同的工作，那么产出需要很高，才值得进行劳动分工。

运输经济。运输一罐油漆，平均运输

费用是5美元。运输100万罐油漆，每罐的平均运输成本可能非常低，可能是0.01美元。

集装箱原理。 战后时期，运输集装箱（shipping container）这个普普通通、平淡无奇的东西，提高了贸易和生活水平。运输集装箱更有效率，因为：

- 节省了劳动力。之前，搬运工需要把每个箱子举起来，堆放在码头上。而集装箱可以容纳数百个箱子，并用吊车吊起。
- 更高效地出口数量更多的商品。
- 防止偷窃。搬运工在装卸的时候，会顺走一些他们喜欢的物品，集装箱的出现防止了偷窃。

现代贸易理论。 现代贸易理论的一个侧重点是，一国应在某个方面专业化，但在哪个方面专业化并不重要。经济规模十分重要，其重要性超过了其他的比较优势。

规模不经济（diseconomies of scale）是指产出的增加导致长期平均成本上涨。劳动分工的问题是，它使得工作变得非常无趣，导致工人失去动力。如果一整天都做把轮胎安到车轮上的工作，你会觉得无聊，会开始逃避工作。此外，有些企业发现，增加员工数量会适得其反——在员工规模较大的情况下，更难激励员工。如果是在10人的小团队里工作，人们更容易注意到你的努力（或不努力）。如果你身处一个200人的团队，相对籍籍无名，那么你更容易什么都不做。

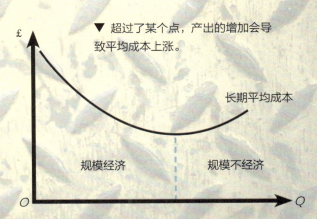

▼ 超过了某个点，产出的增加会导致平均成本上涨。

价格歧视

价格歧视是指：同样的产品，对不同的消费者群体收取不同的价格。

如果你购买过飞机票或火车票，你会看到许多价格歧视的例子：

- 针对不同年龄段的折扣。
- 提前预订的折扣。
- 一年内不同时期的价格不同。
- 一天内不同时段的价格不同。

价格歧视是如何发生的？

众所周知，有些消费者愿意支付更高的价格，而有些消费者不愿意——他们的需求弹性不同。对于一名需要参加会议的商人而言，其需求很可能是缺乏弹性的——他不能在其他时间出差，但可以把车票记入差旅费。但对一名学生而言，其灵活性大、收入低、旅行需求较小，对价格也更为敏感——其需求是有弹性的。因此，商务旅客在最后一分钟预订，要支付更高的价格。对于愿意提前预订的学生，他们支付的价格较低。

火车公司正在尝试，在缺乏需求弹性的时段（高峰期）提高价格，在有需求弹性的时段（非高峰期）降低价格，从而让利润最大化。

在非高峰时段，价格为70美元的车票不会售出太多，但把价格降到50美元，可能会显著地增加需求。在高峰时段，把价格从50美元提高到70美元，只会引起需求的小幅下降。

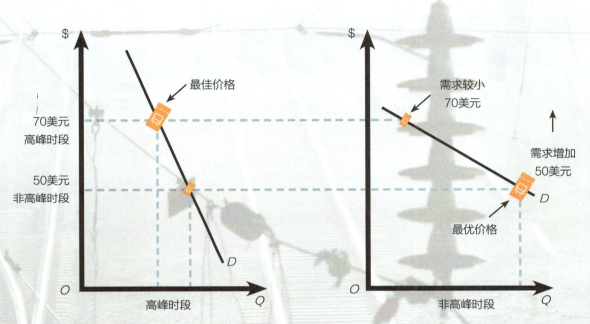

$ 　　　　　　　　　　　　　　　$

最佳价格

70美元
高峰时段

50美元
非高峰时段

需求较小
70美元

需求增加
50美元

最优价格

O　　高峰时段　　Q　　　　　O　　非高峰时段　　Q

▲ 在高峰时段，企业收取70美元以实现最大化利润。不过，这个价格并不适合非高峰时段，因为非高峰时段的需求非常低。把非高峰时段的价格降到50美元，会增加需求，提高收益。

　　企业要取得成功，需要拥有市场力（定价能力）和划分市场的能力。因此，火车公司会根据年龄段提供折扣——在非高峰时段提供学生折扣，这并不是对缺钱学生的慈善之举，而是要从有需求价格弹性的学生身上，获取更高的收益。

飞机座位

飞机的上座率为40%

以较低的价格出售剩余机票，从而增加利润

▲ 飞机即将按计划起飞时，空座位会造成收益的浪费。若航空公司以低价销售剩余的座位，就会获得更多的利润，因为增加的乘客对总成本的影响微乎其微。

让飞机满员

飞行票价格繁多，还有另一个原因：航空公司有让飞机满员的激励。飞机满座（上座率为100%）时的成本，要比上座率20%的成本多不了多少——额外乘客的边际成本非常低。

如果飞机上有很多空座位，航空公司可以按较低的价格出售剩余的机票，从而增加收入——有一些收入，总是好过没有。不过，如果某趟航班很受欢迎，那么航空公司可以提高价格，确保只有愿意支付高价的乘客才能获得剩余的机票。

别为打翻的牛奶哭泣

用价格歧视来使飞机满座，与"别为打翻的牛奶哭泣"这一原则类似。假如你按每棵5美元的价格买下了50棵圣诞树，并以10美元的价格卖掉了30棵。在平安夜那天，还剩20棵没有卖掉。如果把价格保持在10美元，只能卖掉几棵。更好的做法是，以低于成本的价格出售，达到收益最大化。换句话说，只要剩下的圣诞树每棵卖2美元，就好过价格为10美元但卖不掉的情况。以2美元出售剩余的圣诞树，也节省了处理成本。

一旦购买50棵圣诞树，这些成本就会损失掉。这便是沉没成本，无法收回。同样，一旦航空公司排出航班时刻表，大多数成本就成了沉没成本，因此，航空公司会尽可能地售出更多的机票。同样，一些企业按低于成本的价格出售商品是理性的，这是最大化收入、最小化损失的一种做法。

为什么要先预订？

假设你和49个朋友决定搭乘同一航班去度假，那么，你应该立即预订座位。如果等着朋友们来预订，价格可能会更高！这是因为，随着飞机接近满员，航空公司会提高最后几张机票的价格，以期需求缺乏弹性的乘客来购买。

进入壁垒

进入壁垒（*barriers to entry*）是新企业很难进入一个行业的因素之一。为何有的行业由一家或两家公司主导，而其他行业却竞争激烈？

很多企业都想分得谷歌（Google）的一部分利润，但这些企业要与谷歌抗衡，却并不简单。相比之下，在大城市中当导游要容易一些。进入壁垒包括以下几个方面：

进入壁垒

1. 规模——老牌企业有很大的规模经济。
2. 品牌辨识度——老牌企业拥有品牌知名度，新公司则没有。
3. 零售——商店希望囤积老品牌，而不想冒新品牌的风险。

小的进入者	v	老企业

商店不想采购未经过验证的新产品

规模小，无规模经济

小企业=无品牌辨识度

商店喜欢已有的品牌

规模大，有规模经济

老企业=有品牌认知

◀ 在许多行业，新的进入者处于劣势。新创办的小企业缺乏规模经济、品牌辨识度，难以同已有的企业相竞争。

广告。 在塑造品牌忠诚度方面，广告发挥着重要作用。可口可乐每年的营销预算是35亿美元，这使可口可乐能够不断强化其优势品牌形象。由于可口可乐无处不在，新的进入者很难获取市场份额。除百事可乐外，很少有公司能在广告预算方面与可口可乐相竞争。

多种品牌。 有些企业非常善于打造垄断力。洗衣粉市场看似选择众多，但仔细观察这些品牌，你会发现：它们由拥有垄断力的少数几家公司所拥有。品牌众多会让人产生竞争的幻觉，并且增加了新企业进入市场的难度——新企业能够争夺的市场份额不是1/2，而是1/30。

有时，垄断是偶然导致的。Facebook是首个创立全球社交媒体平台的公司。如今，要与Facebook竞争并非易事，因为新用户有激励加入这个大多数人已经加入的网络。Facebook能够保持其垄断力，得益于它是首个也是覆盖面最广的平台，具有广泛的吸引力！

最小有效规模。 假设某个汽车制造商需要生产40万辆汽车，才能达到长期平均成本的最低点。那么，新的汽车制造商要进入市场十分困难，因为即使卖出10万辆汽车，其效率也低于已有厂商，无法与之竞争。

品牌忠诚度。 在过去几年里，苹果为何能够累积2000亿英镑的留存收益（retained profit）？因为消费者对苹果有极大的品牌忠诚度，愿意不断购买苹果的新产品。虽然产品价格不菲，人们仍旧持续购买。

垄断

　　纯粹的垄断是指，一个行业只有一家企业在经营；企业拥有垄断力是指，该企业控制了极大的市场份额。例如，Google占有的搜索引擎市场份额高达80%。

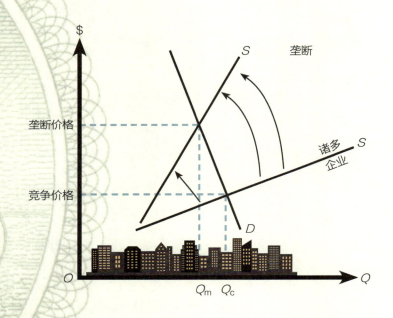

◀ 对于有多家企业的竞争市场，价格为竞争价格。垄断限制了供给，导致价格上升至垄断价格。

垄断是否对消费者不利？

　　通常认为，垄断对消费者有害，因为垄断会导致：

- **价格提高。**1999年，美国联邦法官对微软滥用垄断力展开调查，结果发现：Windows 98的收益最大化价格为89美元，而收取49美元的价格就能盈利。

- **效率低下。**人们认为，如果一家企业拥有垄断力，它就可以"轻松度日"——它不必努力就能获利，因此没有太多激励去创新、降低成本以及提供更好的服务。人们认为，垄断是东欧国有企业失败的一个原因——因为缺乏竞争，导致效率低下。

- **选择较少。** 例如，在电视机刚出现的时候，人们别无选择，只能收看一两个频道。而卫星电视提供了广泛的选择，覆盖到了人们能想象到的几乎所有领域。

垄断是否对消费者有益？

经济学家们认为，在某些情况下垄断是有益的。

- **研发利润。** 如果制药市场是完全竞争的，企业赚取的利润较低，就会缺乏投资研制新药的实力。给予企业高利润、暂时垄断权的承诺，大型制药企业就有了进行长期艰苦实验的实力和动力，使消费者最终获得更好的药物而受益。标准石油公司（Standard Oil）作为一家实力雄厚的垄断企业而广受指责，但它的确帮助开发了不少石油制品。

- **自然垄断。** 一些行业具有较高的规模经济，不能拆分成小企业，因为拆分会损害效率。一个替代方案是，让政府监管垄断企业，例如对自来水和电力设置限价。

- **垄断企业的成功。** 有人认为，垄断会导致效率低下。但从另一个角度来看，企业获得垄断力是因为它们有独一无二的卖点。苹果提供了有吸引力的产品，享有强大的品牌忠诚度，由此拥有了垄断力。"垄断必致懒惰"的观点是不对的。例如，谷歌仍然创造力十足，它允许员工开发出新产品。在这种情况下，谷歌的垄断力催生了更多的创新，因为谷歌有承担风险的能力，能够雇用高素质的员工队伍。

标准石油公司——教科书式的垄断

19世纪末，美国人约翰·洛克菲勒（John D. Rockefeller）创立了标准石油公司。标准石油公司成为"镀金时代"（Gilded Age，指从1870—1900年的一段时间。——译者注）和垄断力过剩的象征。到1890年，在利润丰厚的成品油方面，标准石油公司控制了美国88%的油量。

最初，标准石油公司的成长依靠其自身，但随后，它尝试兼并竞争对手，关闭效率不高的公司。由于利润丰厚，标准石油公司可以按低于生产成本的价格进行销售，把价格定到竞争对手之下，导致竞争对手停产。拥有垄断力之后，就能够再次提高价格。标准石油公司通过与铁路公司串谋，得以用低于竞争对手的价格运输石油（参见第114页）。

1911年，美国最高法院发现标准石油公司违反了《1890年谢尔曼反托拉斯法》。标准石油公司被拆分成了34家小公司（其中包括后来的埃克森、阿莫科、美孚和雪佛龙）。然而，标准石油公司的创始人约翰·洛克菲勒（John D.Lockefeller）笑到了最后：这34家新公司的股价翻了一倍，洛克菲勒比以往更富有了。

现代垄断

　　到了现代，微软公司通常在新计算机上预装微软
Windows操作系统和IE浏览器。很长一段时间，此举
使微软在网络浏览器（Internet Explorer）和办公软件
（Windows和Microsoft Office）上获得了垄断力。

串谋

多家企业联合起来设定更高的价格使行业利润的最大化情形，即是串谋（collusion，也译作"共谋"）。串谋通常是非法的，因为对消费者来说，串谋意味着价格更高，但没有多少补偿。尽管串谋会遭到严重的处罚，但年取更高利润的诱惑也很难抗拒。

假设有一个竞争市场，两个加油站对每加仑油收费2美元。这一低价使每个加油站每年获得100万美元的利润。但是，如果他们同意把价格定为每加仑4美元，使利润最大化，那么每家加油站可以获得高达400万美元超额利润。

▼ 价格低廉，完全竞争市场=低利润。两个加油站串谋提高价格，能使他们都获得高利润。

博弈论

| 高价格 | 企业A=400万美元 | 企业B=400万美元 | 串谋 |
| 低价格 | 企业A=100万美元 | 企业B=100万美元 | 竞争 |

若每加仑收费4美元，加油站售出的汽油量会略微减少。但由于需求缺乏弹性，人们会继续加满油箱，加油站的收入会增加。

串谋的激励

假设几家企业同意把价格提高到每加仑4美元——它们的销售量会减少，但总体利润会增加。然而，有一家企业可能会把价格降低到其他企业之下，以便赚取更多的利润。该企业可以按每加仑2.5美元的价格出售，依靠石油行业的高价格和自身的高产出，赚取更多的利润。这是单个企业可能达到的最优结果。

串谋与博弈论

然而，如果一家企业把价格降低到每加仑2.50美元，其他企业会发现，它们的利润和销售额下降了。这些企业不太可能把价格保持在每加仑4美元。他们也想降价，从而引发一段时间的价格竞争。在此期间，价格会下降到每加仑2美元，每个企业再次获得低利润。在这种情况下，串谋被打破，企业不再获得高利润。这是博弈论的一个例子——选择的结果取决于各竞争企业的反应。如果你降价，你知道你的竞争对手会如何回应么？

OPEC

欧佩克（Organization of the Petroleum Exporting Countries，OPEC；也译作"石油输出国组织"）汇集了全球主要的石油生产商。欧佩克属于卡特尔（Cartel，即由多个生产类似产品的独立企业组成的组织，其目的是控制产量、提高产品价格。——译者注），其目的是设定石油价格。20世纪70年代，欧佩克限制产量，石油价格一夜之间上涨了3倍。石油生产商获得了更高的利润，石油进口商则面临更高的价格。这是卡特尔为其成员谋求最大化利润的典型例子。然而，欧佩克却成为自身成功的受害者。

高昂的价格促使石油进口商减少需求（例如，美国开始研发更省油的汽车）。高昂的价格也使得在阿拉斯加、北海和委内瑞拉等新区域生产石油能够盈利。随着时间的推移，尽管油价有波动，但石油供给的增加还是导致了油价下跌。此外，随着各国对石油依赖程度的降低，例如转向燃气发电站，欧佩克的影响力已然下降。

有时，欧佩克（尤其是沙特阿拉伯）会通过限制产量来提高价格。其他国家常常会搭乘沙特阿拉伯产出限制的"便车"，保持较高的产量。结果是，沙特阿拉伯和欧佩克国家失去了保持高价的能力。自2015年以来，有证据表明，沙特阿拉伯尝试用另一套战略——维持低价格，迫使竞争对手国（生产成本较高）停产。

串谋的处罚

美国和欧洲对串谋的处罚力度较大。不过，法律会为第一家承认串谋并提供串谋细节的企业提供保护。因此，与另一家或另一些企业的串谋，可能会变成一个"懦夫博弈"（a game of chicken，也称作"胆小鬼博弈"）。如果持续串谋，你会赚取更多的利润。但是，如果竞争对手承认串谋，你将面临重罚甚至被判监禁。如果你第一个承认，那么串谋会终止，但至少你不必支付罚款。

你对竞争对手企业有多信任？串谋是个不稳定均衡，因为企业有强烈的动机率先承认串谋。这正是政府监管机构希望实现的目标——串谋一旦被发现，就要接受高额惩罚，从而使串谋变得非常不稳定。

▼ 串谋比竞争更有利可图。然而，一旦串谋，企业就有动机承认非法行为。若你参与串谋，而竞争对手企业承认，你就会进监狱，因此，串谋不可能持续下去。

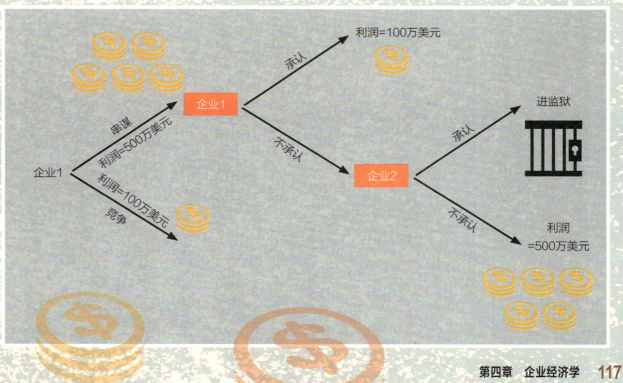

企业的目标

古典经济学假设企业会寻求利润最大化。利润是让人满意的，因为它：

- 让企业创始人和所有者获得财务报酬，报酬的形式包括薪酬、股息等。
- 让企业能够投资，扩大生产能力。
- 可以留存起来，让企业能够度过衰退期，保护就业。
- 容易度量，且是成功的明确标志。

但是，这个假设是否太过简单？企业是否会一直寻求利润最大化？事实上，企业受多种动机的驱动。

销售额最大化

企业可能会把市场份额和销售额的增加，置于利润最大化之上。例如，亚马逊

▼ 亚马逊在德国莱茵伯格的分销中心

时常表示，其主要目标是增加市场份额，而其公布的利润往往很低。2013年，亚马逊的销售额为744.5亿美元，利润为2.744亿美元。鉴于亚马逊的增长速度较高，这个利润十分微薄。亚马逊以极低的价格销售多种商品，这促使人们使用亚马逊，创造了长期客户。如果亚马逊能够在不损失客户的情况下提高价格，就可以长期实现利润最大化。

利他动机

经济学通常从财务奖励和激励出发。

然而，人们可能有利他的动机，把环境、慈善目标或社会福利置于收入和利润之上。例如，企业会避免对环境有损害的做法；合作社设立的原则各异，但其目的都是与利益相关者（消费者、所有者和工人）分享企业收益。

可以说，跨国公司十分聪明地把利他主义目标作为了其营销策略。例如，不使用"血汗工厂"，采用环境友好策略等举措，都是为了增强企业品牌优势，进而提高长期盈利能力所做的努力。

利他动机

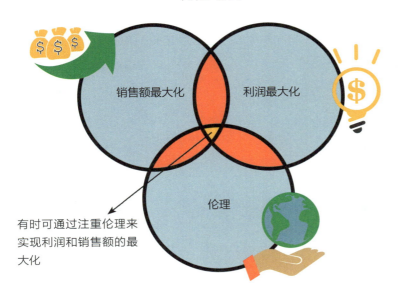

有时可通过注重伦理来实现利润和销售额的最大化

◀ 利润最大化可能与道德相冲突。然而，营造良好的道德观可能有助于改善品牌形象，从而带来销售额的增长和更多的利润。

创造性破坏

创造性破坏（*creative destruction*）是指资本主义的各种力量引起持续变革的事实。老旧、效率低下的企业关门大吉，新的、更有效率的企业登上舞台。

创造性破坏一词，是奥地利裔经济学家约瑟夫·熊彼特（Joseph Schumpeter，1883—1950）创造的。具有讽刺意味的是，这个想法是熊彼特从卡尔·马克思的文字中得到的。马克思在《共产党宣言》（*Communist Manifesto*）中指出：资本主义经历了各种危机，资本在危机中毁灭，是为了让资本家从资本重建中获利。

熊彼特认为，创造性破坏是个自然、有益的过程，它带来了不断的革新，是对不断变化的技术和消费者偏好做出的回应。

"资本主义……本质上是经济变革的一种形式或方法，它从未也永远不会是静止不变的……启动资本主义发动机，维持其运转的基本动力，来自新的消费品、新的生产或运输方式、新的市场，以及资本主义企业创造的新的产业组织形式。"

——约瑟夫·熊彼特，《资本主义、社会主义和民主》（1942）

失业的
火车司机

失业的火车司机获得
开卡车的工作

▲ 蒸汽火车（旧技术）变得过时，被新技术（货车）所取代。蒸汽火车的司机会失去工作，但会找到开货车的工作。

我们的周围充满了创造性破坏，例如，CD造成了黑胶工厂和留声机的消亡。最近若干年来，利润丰厚的唱片企业受到了数字下载的冲击。没有这种创造性破坏，我们就会陷入停滞的经济——尤其是无增长的农业经济。创造性破坏可被视为自由放任经济学的一个理由——例如，创造性破坏意味着：要获得更好的就业机会、更高的收入，临时性失业是必须的。

人们常用创造性破坏来说明为何要让运转良好的行业因短暂的困境而破产。但批评者认为，这是个似是而非的理由。此外，对于隔岸观火的学术著作而言，创造性破坏并不算坏。但对于因创造性破坏而失业的工人来说，重新接受培训、找到新的工作，需要很多年。美国的铁锈带、英国的旧煤矿开采区遭遇的高失业率和低工资，是创造性破坏造成人道成本（human-cost）的标志。此外，对有社会效益的行业进行创造性破坏，会令人遗憾。例如，汽车的兴起造成了铁路的衰退，同时也导致了交通拥堵和污染的加剧。

国家对产业的支持

假设某个行业变得无利可图，其中一家大企业面临关闭的威胁。政府应该做些什么？是否应该进行干预，提供补贴或贷款以预防失业？或者，政府应该听任企业倒闭？对创造性破坏的论证，有力地说明：应该对该行业采取自由放任的做法。不过，有些例子说明，政府干预是可取的。

2008—2010年，全球需求下滑、油价上涨，需求向（外国制造的）节能型汽车转移，这沉重地打击了美国的汽车工业。美国的主要汽车制造商蒙受了重大损失，尤其是通用汽车公司和克莱斯勒汽车公司。采取自由放任政策，有一个令人信服的理由：面对供过于求的情况、美国汽车生产的低效、预算赤字的上升，美国政府为何要支持一个无利可图的衰退行业？

然而，一些事实指向了不同的看法。需求下滑与经济严重衰退（2008—2009）是相关的，而据预计，经济衰退不会持续。此外，美国汽车制造商受油价上涨的打击尤大，导致对更节油的外国汽车的需

美国汽车工业亏损

全球经济暂时性衰退

油价暂时上涨

暂时生产了错误的车型

◀ 2009年，由于经济萧条的短期因素，美国汽车工业出现亏损，这不一定是致命的结构性变化。相比之下，2011年博德斯（Borders）书店的破产，反映了邮购、电子书的长期增长趋势。

800亿
美元

700亿美元
+失业率降低

◀ 政府支出800亿
美元，带来了700
亿美元的收益和失
业率的降低。

政府

求增加。

到2008年年底，通用汽车公司和克莱斯勒公司均接近破产。不过，美国财政部不仅未让两家公司破产，还在接下来的四年里，向美国汽车行业（主要是通用汽车公司）投资了800亿美元。这项救助计划实际上使得汽车行业国有化。据估计，美国汽车工业容纳了725万个就业机会，而通用汽车、克莱斯勒汽车等主要公司的破产，会损害这些岗位。救助计划还推动美国汽车制造商把投资转向更节油的小型汽车。

到2015年，美国的汽车行业已经复苏，并且创造了约50万个新工作岗位。政府出售了实际救助的公司的股份，收回

了最初投资额中的约705亿美元。严格地说，纳税人损失了95亿美元。但若没有救助，就业和产出下降造成的经济成本，可能会更大。在经济萧条最严重的2009年，一家企业破产就会严重损害就业、整个经济和消费者信心。

这说明——在非寻常情况下，政府的临时救助行为能够防止短期因素造成的破产。当然，其诀窍在于：了解不可避免的长期衰退与暂时性的短期困境之间的差异。

第五章

CHAPTER 5

概念

CONCEPTS

节俭悖论

节俭悖论（*paradox of thrift*）是说：经济衰退时期，个人储蓄的增加会导致国内生产总值（*GDP*）降低。在经济衰退时期，人们担心失业、收入减少，因而会减少借贷，减少非必需品的购买，同时增加储蓄，对抗收入减少的威胁。从个人的角度来看，这是个可以理解的理性决定。

但是，如果大多数消费者都决定增加储蓄，会发生什么？如果每个人都增加储蓄、减少支出，总需求就会下降。由于人们的储蓄增加，总支出会下降，这会引起经济衰退、企业裁员。对经济衰退的恐惧，会自我应验（self-fulfilling）：

- 担心经济衰退。
- 个人增加储蓄。
- 高储蓄导致消费下降。
- 消费下降导致经济衰退。
- 经济衰退和失业导致储蓄增加。

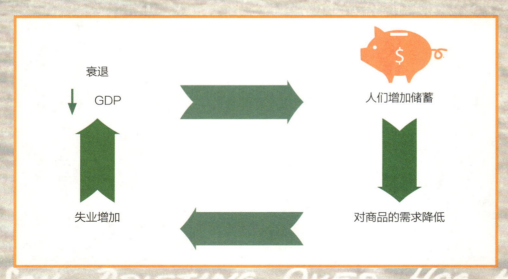

◀ 经济衰退导致人们增加储蓄、减少支出；而支出的减少导致失业增加，使萧条加剧。

▼ 约翰·梅纳德·凯恩斯

▲ 大萧条导致失业者陷入极度贫困。与节俭悖论相关联的，是巨大的人道成本。

在20世纪30年代的大萧条时期，约翰·梅纳德·凯恩斯（John Maynard Keynes）提出了"节俭悖论"的概念。凯恩斯指出，在这一严重萧条时期，私营部门削减了投资和支出，储蓄水平上升。同样的情况发生在2008年，当时的经济衰退导致储蓄率（储蓄占收入的百分比）迅速上升，支出下降。

应对节俭悖论

凯恩斯认为，储蓄上升导致了资源的浪费，即人力和资本未得到利用。凯恩斯指出，如果私营部门不支出，那么公共部门应当介入进来进行支出。在私人储蓄较高的时期，政府应当借入资金，投资到经济体中。由于储蓄较高，人们会对政府债券产生需求。换句话说，由于存在未使用的储蓄，政府借款并不会"挤出"私营部门的投资。

储蓄总是坏事么？

储蓄并不总是坏事！令人困惑的是，长期来说，较高的储蓄率常被认为是经济成功的关键。较高的储蓄率使得银行可以借款给企业进行投资。通常，对于发展中经济体，一般认为提高储蓄水平对促进投资和经济发展十分重要。对于即将到来的"人口定时炸弹"（低生育率导致劳动人口短缺，养老金缺乏。——译者注），提高长期储蓄率也是至关重要的。

但如果多个消费者和企业决定同时增加储蓄（并减少支出），就会引发问题。储蓄的快速增加（以及支出的下降）可能导致经济负增长（参见第90页，"人口老龄化人口的经济学"）。

微、宏观的差异

节俭悖论同样解释了微观经济学和宏观经济学之间的差异。微观经济学关注的是个人的行为，例如个人增加储蓄的决策；而宏观经济学考察的是整个经济，例如每个人都增加储蓄会导致的结果。具有讽刺意味的是，对个人来说合理的事，可能会损害整个经济。

假设你的工资上涨了10%，你会自然而然地认为这是个好消息。但是，如果因为印制了更多的钞票，每个人的工资都上涨了10%，导致了10%的通货膨胀，那么加薪并没有让你过得更好。

储蓄率的下降

从另一个角度来看，储蓄率的快速下降可能是经济增长无法持续的预警信号。如果人们通过减少储蓄来增加开支，这就意味着，经济繁荣无法长期持续。2008年经济崩溃前，英国和美国的储蓄率已经下降到非常低的水平。这是经济不平衡的信号，并导致了大规模的修正。

▶ 勤劳悖论是说：如果人们通过从事低薪工作来应对高失业率问题，那么，对商品的需求会减少，对工人的需求也会减少，失业问题将无法得到解决。

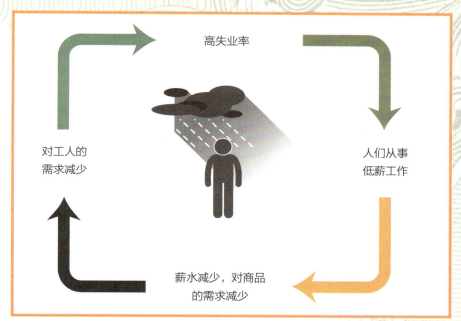

高失业率

对工人的
需求减少

人们从事
低薪工作

薪水减少，对商品
的需求减少

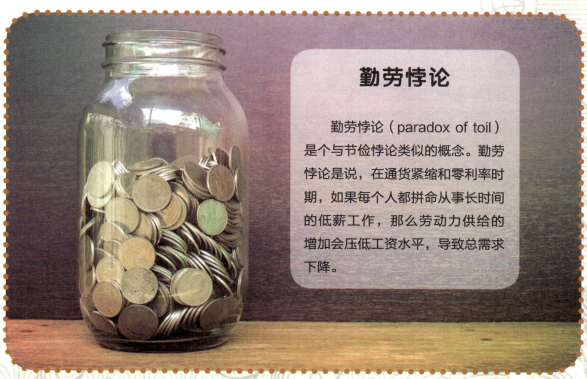

勤劳悖论

勤劳悖论（paradox of toil）是个与节俭悖论类似的概念。勤劳悖论是说，在通货紧缩和零利率时期，如果每个人都拼命从事长时间的低薪工作，那么劳动力供给的增加会压低工资水平，导致总需求下降。

生命周期假说

　　生命周期假设是指，人们希望在一生中平滑消费——"趁热打铁，莫失良机"。在这种情况下，如果收入高于一生的平均水平，就储蓄；如果收入低于一生的平均水平，就借款。身为学生，你会积累债务；身为工人，你会赚钱、储蓄；身为养老金领取者，你会消耗储蓄。这种支出模式一部分是出于必然，但其背后有经济学理论的支撑。

　　如果你希望接受培训成为医生，你或许别无选择，只能借入学生贷款、积累债务。不过，你以学生身份借入的债务，会让你找到一份薪水更高的工作。你希望通过承担学生债务，来增加一生的收入。

　　在生命周期内平滑收入的另一个理由是：收入的边际效用递减。在你挣得高薪时（通常是四十多岁），要把薪水花光并不容易。如果你已经有一辆车，那么再买一辆只会带来满意度的小幅增加。因此，把这些可支配收入储蓄起来以便退休时使用，会更有价值，因为退休时你的收入会降低。

养老金领取者会减少储蓄吗？

　　研究发现，许多养老金领取者的储蓄消耗要低于模型预测的水平。这是因为，对于预期之外的开支（如医疗、养老院），退休人士是风险厌恶的。此外，养

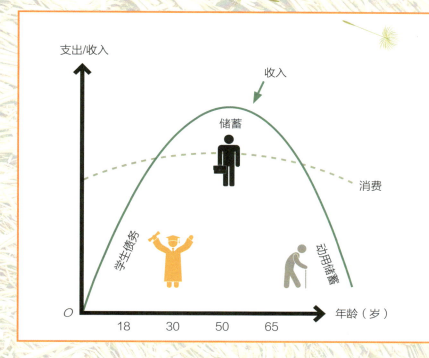

◀ 18～40岁的人士，其消费大于收入（他们会借入资金，如学生贷款）。40～65岁的人士会为退休而储蓄，其消费低于收入。65岁以上的人士会动用财富或储蓄来支付退休的开支，其消费高于收入。

老金领取者会很乐意把积蓄留给子女。

生命周期假说的含义

生命周期假设意味着，消费者支出并不是收入的简单函数。如果收入突然增加，人们不一定会花掉增加的部分，而是会把钱攒下来以备退休之用。米尔顿·弗里德曼（Milton Friedman）提出了一个类似的观点——长期收入假说，即人们的消费水平与他们可以放心花费的期望永久收入相一致。弗里德曼认为，如果政府推行扩张性财政政策（政府支出增加），那么工资会暂时上涨，但人们并不会花掉这笔额外收入——因为他们认为，收入并没有永久性增长。

一生中的休闲平滑

另一个考虑因素是，人们一生中会经历不同的工作/生活平衡模式。其中一个选择是，21～50岁工作较长时间，然后提前退休。但是，有些人更喜欢工时较短的工作，哪怕这意味着推迟退休，得工作到70岁。

乘数效应

乘数效应是说，把货币注入经济体后，支出的增加会产生连锁效用，最终产生更大的影响。换句话说，"10 + 1 = 11.5"——增加10亿美元的支出，在乘数效应下，最终增加的总量是15亿美元。

假设某个经济体失业率较高，政府决定追加100亿美元用来修建新的道路。这样一来，失业人士会找到工作、获得工资，同时，一些企业的原材料需求也会上升。经济体增加了100亿美元，国内生产总值相应增加100亿美元。此外，工人会把额外工资收入的一部分花在其他的商品和服务上。该地区的商店、酒吧会有更多的需求，进而获得更高的利润。这些企业及其员工有更多的资金用来支出，因此，额外支出的循环会继续下去。额外注资100亿美元，会使国内生产总值最终增加170亿美元——乘数为1.7。

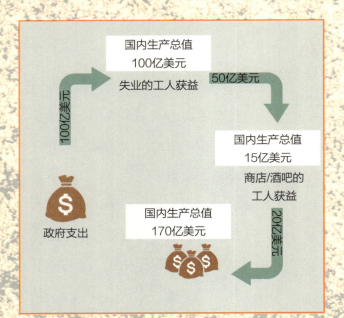

国内生产总值
100亿美元
失业的工人获益

100亿美元

50亿美元

国内生产总值
15亿美元
商店/酒吧的
工人获益

20亿美元

政府支出

国内生产总值
170亿美元

◀ 如果政府支出100亿美元，国内生产总值（GDP）会增加100亿美元。这笔投资会使失业工人获得更高的工资收入，进而把额外收入的较大一部分花在商店和酒吧里，这会导致GDP进一步增加。随着人们收入的增加，他们的支出更大，带来的好处会在经济体内部进一步扩散。

乘数效应是否有极限？

乘数效应似乎会导致需求不断增加。不过，以下因素会限制乘数效应：

- 税收。政府会以所得税形式拿走一部分增量。
- 储蓄。如果工人和其他赚取收入的人士把多余的钱储蓄起来，就不会产生乘数效应。
- 进口。进口品的支出，会导致资金流出经济体。
- 通货膨胀和满负荷生产。如果在经济体满负荷生产时，政府支出100亿美元，那么额外的支出会引起通货膨胀。另外，政府开支太多会占用私营部门的资源，导致总产出无法增加。

另外，乘数效应不仅仅与需求相关。

大萧条期间，美国政府建造了胡佛水坝来提供工作岗位、促进需求。60年后，胡佛水坝仍在提供能源，是美国生产力的一部分。存在闲置的生产力，失业和漏出（储蓄、进口、税收）较低时，乘数效应最大。

乘数效应能够解释各大城市举办奥运会的原因。奥运会的预期收益有：

- 对酒店的需求增加。
- 酒店工作人员赚取加班费，增加支出。
- 对酒吧的需求增加，酒吧员工会花更多的钱购买商品。
- 本地经济体中的每个人都会享受支出增加带来的某种附带效用。

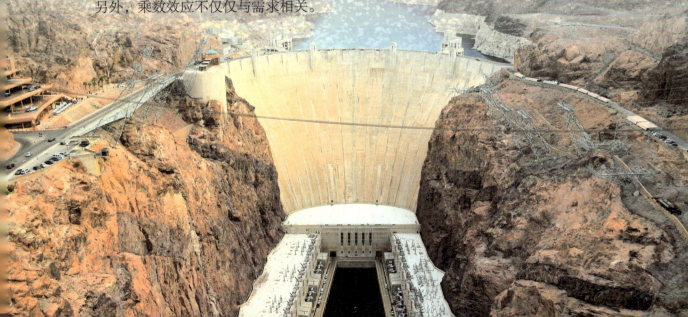

边际消费倾向

边际消费倾向（marginal propensity to consume）指的是新增消费占新增收入的比率。如果给予一名亿万富翁10%的税收减免，他可能只会花掉额外收入的一小部分（亿万富翁应该没什么需要的了！），其边际消费倾向可能是0.1。但是，如果给低收入工人税收减免，他们会把额外收入的很大一部分花在以前买不起的商品上。这些工人的边际消费倾向较高。

负向乘数效应

乘数效应也可能起到反作用。

假设小镇上的主要企业关门大吉（如底特律的通用汽车公司，或者整个英国的采煤业），很多工人失去工作，其收入急剧下降。然而，受到不利影响的不只是工人，新近失业的人们无法负担某些商品和服务，镇上的餐馆和酒吧也会关闭，导致相关企业的工人失业。如果失业导致人们信心下降，企业和年轻人就会转移到较为

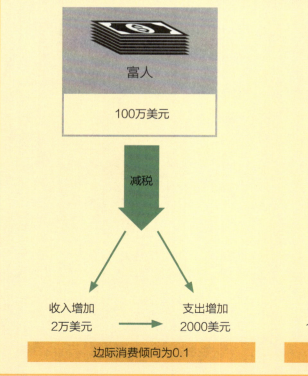
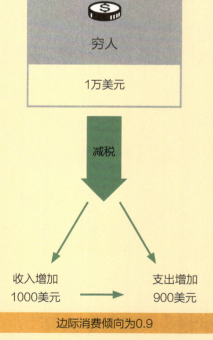

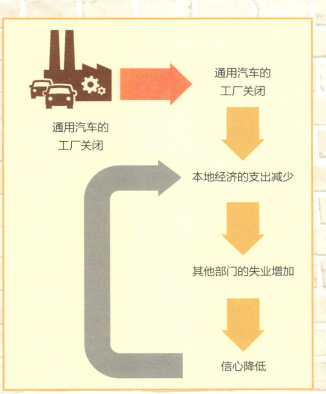

通用汽车的
工厂关闭

通用汽车的
工厂关闭

本地经济的支出减少

其他部门的失业增加

信心降低

繁荣的地区。一不留神，需求下降、工作岗位减少的负面循环，就会摧毁整个小镇。

政府进行干预，阻止负向乘数效应

如果镇上的主要企业倒闭，要阻止这种负向乘数效应，会变得十分困难。政府可以投资新产业和新项目，或者把政府的工作岗位转移到该镇，以增加就业岗位，并向失业工人提供再培训，帮助他们找到新工作。

◄ 镇上一家大型钢铁厂的关闭，不仅会影响钢铁工人，还会影响到该镇的每个人。由于钢铁工人失业，无钱消费，相关企业也会关门大吉，曾经繁荣的小镇就会成为鬼城。

勒德谬误

勒德谬误（*Luddite fallacy*）是指，节约劳动力的技术不会导致经济体的整体失业率上升。换句话说，新技术不会破坏工作——新技术只会改变经济体中工作的构成（参见第120页，创造性破坏）。

为何人们认为新技术会导致失业？

在19世纪的英国，机械动力织布机能够完成许多熟练纺织工的工作。这类新机器的发展导致很多人丧失了生计来源。因此，新近失业的工人们把失业归咎到新机器上是可以理解的。在绝望之下，一些被称为"勒德分子"（Luddites）的工人开始捣毁机器以示抗议。

为何新技术不会导致失业率上升？

新机器的效率更高，能以较低的成本生产布匹，从而以较低的价格销售。如果消费者购买便宜的衣服，他们就能拿出更多的收入来购买其他商品和服务，而需求的增加会创造新的就业机会，只是新的就业机会并不明显。不过，细看之下会发现，新技术改变了经济，与百年前相比，新技术使得休闲行业有所增长。

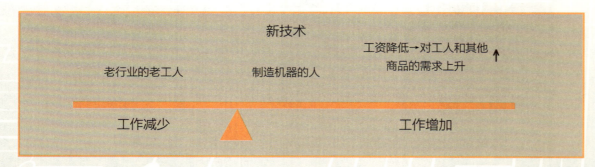

▲ 新技术造成旧的工作岗位减少，但也创造了新的工作岗位——制造机器的工人；同时，更高效的生产也增加了对新行业工人的需求。

◀ 失去工作和丧失生计来源，导致勒德工人们陷入了实实在在的贫困和痛苦。面对勒德分子的抗议，企业主不得不捍卫企业。

失业

新技术可能会导致一部分人失业，至少在短期内如此。勒德分子的艰难处境是真实存在的。1803—1814年拿破仑战争之后，英国经济陷入衰退，就业机会减少，工资水平下降。

其他时候，技术的快速变化导致了失业，但是失业者很快就被新兴产业所吸纳。例如，20世纪四五十年代，铁路迅速衰落，但汽车工业发展较快，工人们得以顺利度过危机。

勒德谬误总是谬论么？

对于一些工人来说，新技术会导致长期的结构性失业。例如，如果不接受再培训，不熟练的体力劳动者就很难在新的高技能服务业里找到工作。

如果美国汽车行业倒闭，信息技术（IT）等行业也会创造出新的就业机会。然而，失业的汽车工人可能不具备IT行业所需的技能，因此会持续失业。

新技术不大可能增加长期平均失业率，但在新技术快速引入的阶段，很多人的利益会受损。并不能保证向新技术的过渡是平稳的、无痛的。

道德风险

道德风险的概念是说：如果人们认为，有了保险就不必承担冒风险的后果，他们就会冒更大的风险。如果保险公司同意向你提供自行车盗窃险，好好保管自行车的激励就会降低——因为自行车被盗，你会得到赔偿。

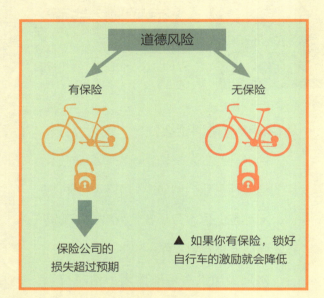

道德风险

有保险　　　　　无保险

保险公司的
损失超过预期

▲ 如果你有保险，锁好
自行车的激励就会降低

不过，防止这种道德风险相对容易。保单通常有50美元的起赔额（excess），这意味着：理赔时，最开始的50美元损失由你自己承担。保险可能取决于特定行为——例如，没有给自行车上锁就不能得到保险。此外，要申请理赔，保险公司会让你填写大量的单据，办完烦琐的手续。这样一来，除自行车被盗的不便外，你有明确的激励来好好照管自行车。

道德危机和银行业

银行业会发生更为严重的道德风险。20世纪30年代大萧条时期，银行倒闭成了大问题。由于银行破产，人们丧失了储蓄，对正常银行体系的信心崩塌了，2008年出现了类似的情况。为了防止银行破产，政府和中央银行承诺，肩负起最后贷款人的职责，为个人储蓄提供担保，让储户有了更多信心。此举促进了储户存款，防止了银行破产造成的不稳定。

然而，如果中央银行无条件提供资金，银行就会认为，只要出现问题，就

会得到政府救助。因此，银行有了冒险的动机：如果冒险成功，就会获得更多的利润；如果冒险失败，政府也会阻止其破产。

"大而不倒"

"大而不倒"是银行对经济体财务健康状况重要性的度量。如果允许银行倒闭，那么银行倒闭对信心的冲击可能会引发严重的经济萧条。这意味着，银行坐拥少有的特权，可以依赖政府干预。这是其他行业的企业所没有的。2008年，美国财政部允许相对较小的投资银行——雷曼兄弟破产，结果对金融市场产生了严重的影响，成为信贷危机加深、全球经济下滑的一个因素。

有人呼吁，应当拆分银行业务，把普通储蓄账户同银行的风险投资决策区隔开来。这意味着，政府为个人储蓄担保，但不保护开展风险投资的银行。实际上，区分银行的各种业务十分困难，而让投资银行倒闭，会引发实实在在的金融困境。

道德危机与信贷紧缩

在21世纪初的繁荣时期，美国的银行承担了巨大的风险（参见第260页，住房市场）。银行借入了所谓的"次级抵押贷款"（sub-prime mortgages），虽然能够盈利，但是风险巨大。银行的管理人员有遵循这项策略的激励，因为一旦成功，他们便可获得巨额奖金。然而，随着美国房价下跌、抵押贷款违约率上升，全球不少家购买了次级抵押贷款衍生金融工具的银行，纷纷开始亏损（参见第266页，信贷崩盘）。多个国家的政府不得不救助购买了次级抵押贷款的银行。问题是，在好的年景，银行利润很高，当市场急转直下时，银行又要依赖纳税人的救助。

涓滴经济学

涓滴理论（*trickle-down theory*）认为，如果社会上富人的收入增加，那么每个人都会受益，因为财富会渗漏到经济体的其他人身上。

涓滴理论为增加激励、对富人减税的政策提供了依据。涓滴理论认为，如果富人因减税而受益，他们的可支配收入会增加，从而使经济体中其他企业和工人的收入增加。此外，降低税率会使留存收益增加，投资上升。增加的投资反过来又会促进就业，对经济体产生正的乘数效应。这样一来，经济体中的每个人都会受益。

使用涓滴经济学（trickle-down eco-nomics）一词的，通常是自由放任经济学和供给侧经济学的批评者。这些批评者认为，使富人受惠的政策对其他群体并无益处。美国总统罗纳德·里根（Ronald Reagan）20世纪80年代的供给侧经济学，就

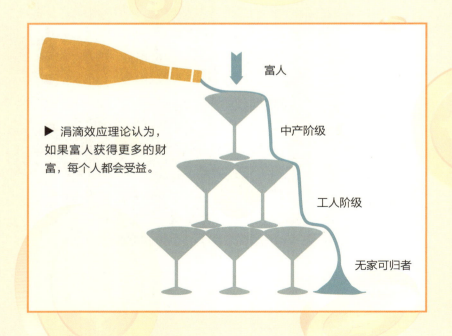

▶ 涓滴效应理论认为，如果富人获得更多的财富，每个人都会受益。

富人

中产阶级

工人阶级

无家可归者

是涓滴经济学的一个实例。这一时期，对富人征收的所得税较低，不平等日益增加。

涓滴效应为何微弱？

首先，需要较高的边际储蓄倾向。如果一名百万富翁接受减税，他只会把额外收入的一小部分花掉——其边际支出倾向很低，因此，经济体总体需求的增长不大。其次，如果最富裕人士的可支配收入增加，他们会把钱存在避税天堂，避免支付税款。再次，富人收入的增加会导致资产泡沫（如股价和房价估值过高），因为他们需要为增加的收入寻找出路。

尽管涓滴理论广受批评，但也不无道理。据美国税收政策中心（US Tax Policy Center）估计，2014年，美国1%的最富裕人士缴纳了45.7%的个人所得税。因此，提高最高收入者的收入，能够使政府负担更高的支出。然而，富人财富的增加虽然有正的连带效应，但这并不是提高穷人生活水平最为有效的方法。

马与麻雀理论

出生于加拿大的美国经济学家约翰·肯尼思·加尔布雷思（John Kenneth Galbraith，1908—2006）用平实的语言描述了涓滴理论："若给马喂足燕麦，那么掉在路上的一些燕麦就会被麻雀吃掉。"加尔布雷斯认为，"马与麻雀理论"是镀金时代不平等背后的原因，甚至是美国1986年恐慌（the Panic of 1896）这场经济萧条的一部分原因。

拉弗曲线

拉弗曲线（Laffer Curve）描绘了税率（0%~100%）与总体税收收入之间的关系。拉弗曲线认为，降低所得税率，有可能增加总体税收。正如所料，这在政治上颇具吸引力——如果减税意味着财政收入增加，实在是皆大欢喜！这一理论由美国经济学家阿瑟·拉弗（Arthur Laffer，生于1940年）普及开来。1974年，拉弗在与杰拉尔德·福特（Gerald Ford）政府的官员会晤时，在餐巾纸的背面画下了拉弗曲线。

拉弗曲线显示，如果所得税税率为100%，那么税收收入为零。换句话说，如果赚得的每一分钱都要缴税，人们就不会工作。同样，如果税率为0%，税收收入也为零。因此，二者中间应当存在一个最优税率，使获得的税收最高。

如果所得税税率较高，为80%，而政府把税率降低到了70%，政府有可能获得更多的税收收入。所得税税率下降会激励更多的人去工作，使整体税收增加——尽管所得

▼ 拉弗曲线描绘了如下观点：所得税税率高于一定水平，会导致税收收入减少。

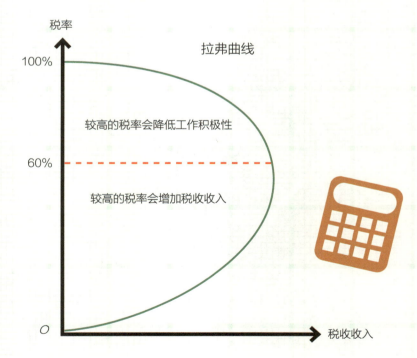

拉弗曲线

较高的税率会降低工作积极性

较高的税率会增加税收收入

税率

100%

60%

O

税收收入

税的平均税额会降低。遗憾的是，哪怕最高收入者的所得税税率为40%～50%，也没有证据表明，减税会增加所得税收入。拉弗曲线的形状并不确定，并且存在争议。有人认为，70%的税率可能是最优的（如果目标是最大化所得税总收入）。此外，最优税率有可能随时间发生变化。

　　尽管拉弗曲线有局限性，但其背后的思想，是对一套意识形态力量的补充。这个力量推动了20世纪80年代的供给侧经济学，特别是罗纳德·里根的供给侧改革，其中，减税是一项关键的经济政策。

在里根执政期间，所得税的最高边际税率从1981年的70.1%，下降到了1986年的28.4%。尽管所得税大幅下降，预算赤字占国内生产总值（GDP）的比例，却从1981年的2.6%上升到了1983年的6%——税收收入并未出现奇迹般的增长（当然，其他因素也起了作用，例如1981年的经济衰退就导致税收收入周期性下降）。

▲ 里根的经济政策与英国的"战后共识"（post-war consensus，指的是英国推行的鼓励国有化、高税收、强力管制等政策。——译者注）相反。里根支持供给侧经济学和自由市场改革，如减税、放松管制等。

巫术经济学

早在1980年，老布什（George H.W. Bush）就把供应侧经济学——减税能够奇迹般地增加税收收入的观点，称作"巫术经济学"（voodoo economics）。后来，老布什对这番言论产生了悔意。不过许多批评人士认为，大幅减税并不是提高经济生产率的灵丹妙药，反而会加剧不平等。

1982年和1984年，里根被迫着手制定增税措施。这涉及扩大税基、弥补税收漏洞、减少税收优惠；里根还提高了社会保障税。在里根时期，联邦税收占国内生产总值的平均比例为18.2%，接近18.1%的40年平均值。可见，里根虽有减税者之名，但实际情况并不是所得税收入大幅下降那么简单。

里根时期虽然进行了降低所得税税率的实验，但却没有什么证据显示，所得税收入上升了。一些经济学家怀疑，拉弗曲线除了陈述显而易见的说法——极高的所得税税率适得其反之外，对制定税收政策并没有什么实际用处。重要的是，在设定所得税税率时，除了最大化所得税收入，还要考虑别的目标。这些目标包括：平等、公平，对工作激励的影响等。

阿瑟·拉弗

阿瑟·拉弗指出，拉弗曲线背后的思想可以追溯至14世纪。当时，北非哲学家伊本·赫勒敦（Ibn Khaldun）在《历史绪论》（Muqaddimah）一书中写道："应知王朝初兴时，税轻而岁入丰；王朝末势时，税重而岁入寡。"

另一方面

美国总统哈里·杜鲁门（*Harry Truman*）曾气愤地说道："给我一个单面经济学家好了……所有的经济学家都说'一方面……另一方面'。"为什么经济学家会经常谈论"另一方面"呢？

很多事件都无法给出确定的预测。对于高所得税的影响，有观点认为，这会增加政府的财政收入。另一方面，较高的税收会阻碍人们去工作，使税收收入的增加低于预期。

有些事曾经发生，但并不意味着会再次发生。例如，在正常情况下，中央银行增加货币供给会导致通货膨胀；另一方面，在特殊情况下（如流动性陷阱或萧条期间），增加货币供给可能不会加剧通

世界并不是非黑即白

经济学家对自己提出的建议两面下注（hedge，也作"对冲"——译者注），或许令杜鲁门沮丧不已；然而，我们生活的世界，并不是非黑即白的。"另一方面"意味着：我们能从另一个角度来看待事物，哪怕不同意对立方的观点（如减税），能注意到另一方面的观点，也是件好事。好的经济学家应该避免宗教激进主义，以及简单化、有偏见的观点。

货膨胀。

人类的行为并不总是理性的或是可预测的。经济理论通常从"消费者的行为是理性的"这一原则出发，例如，价格上涨会降低需求。另一方面，对于想要炫耀自身财富的消费者，提高名牌服装的价格，会让这些服装更具吸引力。这或许缺乏理性，但的确在发生（参见第40页，炫耀性产品）。

人们对经济学家的评判，依据的是其预测的准确性，因此，经济学家会两面下注。回顾2008年，你会发现有经济学家宣称，并没有经济衰退的兆头，然而我们知道，经济确实陷入了衰退。因此，在做预测时，更安全的说法是："考虑到目前的情况，衰退不太可能。但另一方面，如果信心下降，就有可能会出现衰退。"

主要问题是，经济中总是存在相互冲突的力量，但经济学家缺乏足够的信息来了解，哪些因素的作用会是最强的。这既是经济学的迷人之处，也是其令人沮丧之处。结果总是不确定的。在现实世界中，把无数的变量分离开来是不可能的。

非理性繁荣

非理性繁荣（*irrational exuberance*）描述的是如下情况：热切的买家会把资产价格推高到资产的基本价值（*fundamental value*）之上。

举例而言，我们预测股票价值与利润和收益有一定的关联，但在20世纪90年代末的互联网泡沫中，信息技术企业的股价涨速远远超过了市场崩溃前的利润，许多企业以破产告终。非理性繁荣是委婉地谈论"人们因市场繁荣而忘乎所以的愚蠢"的辞令。这个词是美国经济学家兼美联储主席艾伦·格林斯潘（Alan Greenspan，1926—）在1996年的演讲里生造出来的。他演讲的题目是"民主社会里央行面临的挑战"，当时正是互联网泡沫开始之时。哪些因素造成了非理性繁荣？

答案是："群众的智慧"（the wisdom of crowds）。如果每个人都在买房、买股票，我们就会认为，其他人肯定知道某些信息，并且很容易被这种无处不在的购买热潮所感染。被大多数人的观点所左右，有时被称为"集体癫狂"（collective

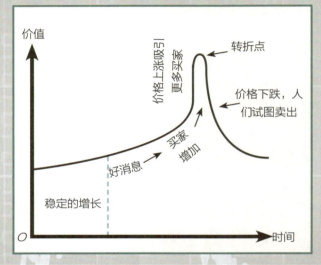

▲ 价格快速上涨，直到非理性繁荣变为极度悲观

insanity），不过这个称谓并不太友好。

过去的成功。 过去投资某个资产赚到钱的事实，会让我们有动机相信，投资这种资产未来会大获成功。如果我们看到过去十年房价上涨，我们就会认为，房产是不错的投资，进而对未来产生乐观偏误。

安全和稳定。繁荣往往发生在经济稳定的时期——这一时期，经济增长势头强劲，同时通货膨胀和低失业率双低。宏观经济的稳定，会给人们一种万事安稳的印象。而互网络泡沫恰恰是在经济看似稳定的背景下发生的，21世纪初的房地产泡沫也是一样。

这次不同（this time it's different）。出生于美国的英国投资家约翰·坦普尔顿（John Templeton，1912—2008）曾说："英语里，代价最高昂的四个字是'这次不同'"。有时候，资产会脱离传统的估值（如价格或收益），有些人却可以找到理由，认为这次与以往不同。例如，如果房价收入比高于长期趋势，有些人更会愿意相信，这是住房短缺、抵押贷款更容易获得所导致的——而不是因为房价已经有过度膨胀的风险。就互联网泡沫而言，一些互联网企业确实经历了前所未有的增长，这使人们有理由忽略利润股价比率通常的趋势。

1720年南海泡沫事件

南海泡沫（South Sea bubble）期间，南海公司的股票短时间内疯狂上涨。人们趁着高价买入，期望能够迅速获利。然而，此举导致股价被大幅高估，拐点过后，股价又跌回了更为公允的价值。

1720年春，艾萨克·牛顿（Isaac Newton）出售了他在南海公司的股份，赚取了1倍的利润（第一次，牛顿赚取了7000英镑利润；几个月之后，牛顿再次投资，以巨亏20000英镑告终。——译者注）。针对南海泡沫的非理性繁荣，牛顿曾说：

"我能够计算星辰的运动，却无法预测人类的疯狂。"

——艾萨克·牛顿

收益递减

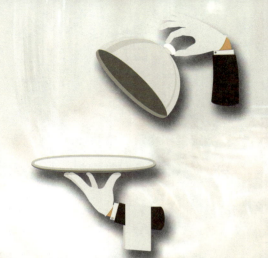

收益递减（*diminishing return*）是说：增加一定的生产要素，总产出的增加会减少。请注意，产出并没有下降，只是增加的速度变慢了。

如果你曾熬夜学习，为第二天早上的考试临时抱佛脚，你或许会注意到收益递减。第一个小时的学习最有成效，因为你头脑清醒而敏锐。但到了第七个小时，获得的知识会减少——因为你感到厌倦无聊，记住新的事物更困难了。第七个小时的学习的确会增加你的知识，但学习的速度却变慢了。由于收益递减，每天花两个小时学习会更有效率，而不是一个星期什么也不做，而在最后一晚临时抱佛脚八个小时（不过笔者的很多学生信誓旦旦地说，临时抱佛脚是通过考试的唯一办法！）。

劳动的报酬递减

在某个时点，雇用额外的工人会导致生产力下降。假设你有一家小餐馆，雇用一名工人可以让你每小时招待8名顾客。雇用第二名工人会提高生产力，因为让一名工人来烹饪，让另一名工人担任服务

学习曲线

在某个行业待上一段时间，你就会慢慢学会更高效的生产方法和工作方式。如果你从事教学这样的工作，一开始，你的学习曲线会十分陡峭。头几年里，经验会帮助你提高工作效率。然而，随着时间的推移，学习和技能的改进速度会放缓。换句话说，我们通常会遇到学习收益递减的情形。

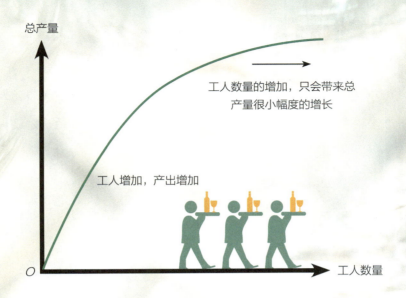

总产量

工人数量的增加，只会带来总
产量很小幅度的增长

工人增加，产出增加

O   工人数量

员，效率会更高，雇用两名工人能让你为20名顾客提供服务。然而，如果餐馆的规模很小，到了某个时点，增加工人数量会导致营业额的增幅减少。第五和第六名工人的边际生产率可能较低，并且只能为增加的少数几位顾客服务。

为什么会出现收益递减？

换言之，为何"厨师太多煮坏汤"？如果有一个人负责餐厅管理，餐厅员工就可以做很多事情。如果雇用两个管理人员，他们就会争论最优的行事方式，使生产力的改进受限。如果雇用第三名管理人员来监督餐厅，不断的审查就会惹恼员工，相互矛盾的命令会令他们感到困扰。如果雇用的员工数大于餐厅能容纳的适宜人数，员工们就需要排队使用工作台和烤箱。从本质上来说，多余的工人开始阻碍工作了，他们或许能提供些许帮助，但其生产力要远低于头几名工人。

如果要扩大咖啡馆或工厂的规模，收益递减是不可避免的。如果我们能够追加资本，那么就可以雇用更多的工人，而不出现收益递减。

迟滞效应

迟滞效应（*hysteresis*）认为，过去的事件会影响未来。迟滞效应通常是指：失业的突然上升（原因包括需求侧冲击）会导致长期失业的永久性上升，哪怕最初的诱因已不复存在。

迟滞效应的逻辑是：如果人们在经济衰退期间遭到裁员，他们未来将很难找到新的工作，因为他们对雇主的吸引力降低了——他们失去了在岗培训的机会，无法跟上最新的趋势。此外，如果工人遭到裁员，他们会失去动力，并对未来的就业形势感到悲观。

通常来说，经济复苏并且经济增长

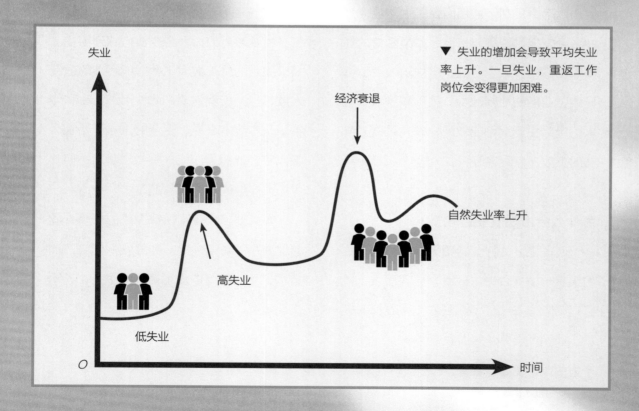

▼ 失业的增加会导致平均失业率上升。一旦失业，重返工作岗位会变得更加困难。

▲ 经济衰退会导致失业率上升。而经济衰退和失业率的上升，还会导致平均失业率上升。

重启之时，失业率会持续一段时间才开始下降——这表明迟滞效应在起作用。例如，20世纪七八十年代的经济衰退过后，美国和英国的自然失业率曾一度上升。

但有人认为，迟滞效应的影响非常有限。如果劳动力市场足够灵活，那么在经济复苏期间，失业人士没有理由找不到工作。平均失业率上升的原因要比迟滞效应更复杂。此外，2008—2009年的经济衰退过后，英美两国的失业率下降相对较快，这与20世纪80年代的情况截然不同。

CHAPTER 6

第六章

宏观经济学

MACROECONOMICS

通货膨胀

通货膨胀意味着价格持续上涨，这导致生活成本上升，货币价值下降。正如美国棒球运动员山姆·尤因（Sam Ewing）所说："通货膨胀就是花15美元理了10美元的头，但在你还没秃的时候，理发只要5美元。"通货膨胀率高、价格快速上涨很要紧么？是的，高通胀确实会带来一些问题。

如果你持有现金，那么通货膨胀会降低现金的价值。随着价格上涨，现金储蓄能够买到的商品会减少。假如1971年你用1000美元购买了十年期的政府债券，从1971年到1981年，美国的累计通货膨胀率为124%，经过通货膨胀调整后，1000美元债券在1981年的价值应该是2244.44美元，但到1981年政府赎回债券时，你只能拿回1000美元。1981年你能用1000美元购买的商品，要少于1971年，可见，通货膨

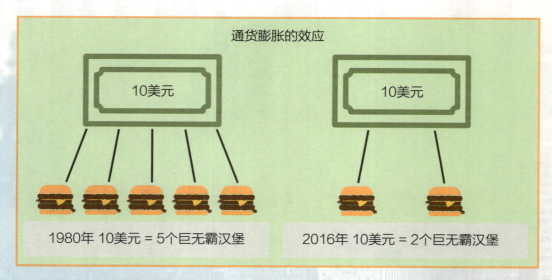

通货膨胀的效应

10美元

10美元

1980年 10美元 = 5个巨无霸汉堡

2016年 10美元 = 2个巨无霸汉堡

▲ 1980年以来，通货膨胀导致价格稳步上涨、货币价值下降。1980年，10美元能够买到5个巨无霸汉堡；但在2016年，10美元只能买到2个巨无霸汉堡。

胀降低了你储蓄的价值。

实际情况并没有那么糟糕。1971年，债券的利率为6.24%，如果把所有的利息支付包括进去，那么1981年的债券价值为1863.36美元。不过，这仍然低于债券的实际价值。购买政府债券要比把现金放在床垫下面好。然而，由于通货膨胀率高于利率，1971年购买债券的储户会蒙受损失。

通货膨胀使政府和企业更容易偿还债务。这对政府来说是件好事，但对储户来说不然。如果任由通货膨胀率上升，储户就不愿意购买政府债券——除非利率非常高。

> "通过持续的通货膨胀过程，政府可以悄无声息地没收公民财富的很大一部分。"
>
> ——约翰·梅纳德·凯恩斯

通胀总是不好的吗？

如果工资的涨幅高于通货膨胀率，实际购买力就会增加。假设工资上涨7%，通货膨胀率为5%，那么实际工资上涨2%。同样，如果银行提供的利率高于通货膨胀率，就能保持储蓄的实际价值。最后，中等程度的通货膨胀往往是经济增长的必然结果。中央银行通常会把通货膨胀率保持在2%，而不是维持零通货膨胀。不过，5%及以上的通货膨胀率会带来真实的经济成本。

通货膨胀的原因

怎样的经济形势会导致企业抬高价格？

需求拉动型通货膨胀（demand-pull inflation）。这发生在经济高速增长时期，此时，总需求的增长要快于经济体生产能力的增长。简而言之，企业因为跟不上不断增长的需求，会提高价格来应对。需求拉动型通货膨胀可能是货币供给量增加、工资上涨或信心增强造成的。20世纪80年代末和90年代初，由于经济蓬勃发展，美国的通货膨胀不断上升。

通货膨胀预期（inflation expectations）。本年度的通货膨胀是预测通货膨胀的最佳指南。如果本年度的通货膨胀率较高，那么下一年也会很高。如果通

▶ 通货膨胀会导致更高的通货膨胀。在这种情况下，需求的上升促使企业提高商品价格。而价格上涨，又导致工人要求涨薪。工资的增长使工人能够购买更多的商品，但这又会导致更高的通货膨胀。

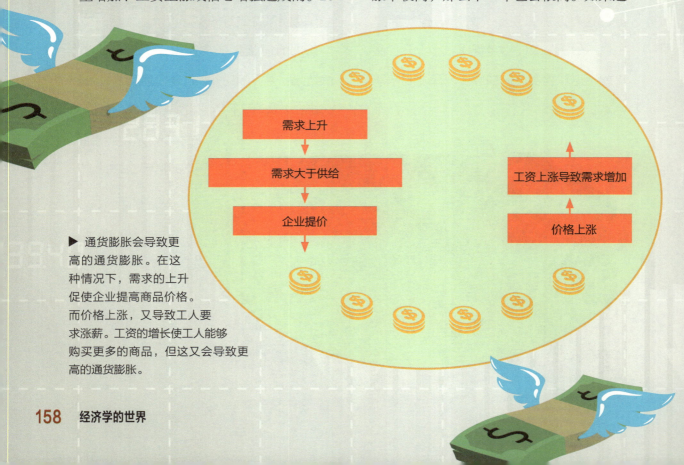

货膨胀率较低，保持低通胀要容易得多。这是因为，对未来通胀的预期十分重要。如果人们预期通货膨胀率较高，企业就有成本上涨的预期，从而会提高价格；工人有生活成本上涨的预期，进而会要求涨薪。这样一来，通货膨胀就变成了自我实现的（self-fulfilling）。

● 通货膨胀预期；

● 企业提高价格，工人为涨薪而讨价还价；

● 预期的通货膨胀得以实现。

成本推动型通货膨胀

这是指由生产成本上升而非需求上升引起的通货膨胀。例如，如果油价上涨，运输成本会提高，并以涨价的形式转嫁给消费者。

20世纪70年代，由于油价上涨，全球的通货膨胀上升。成本推动型通货膨胀还造成了工资上涨，因为工人们希望维持实际工资水平不变。

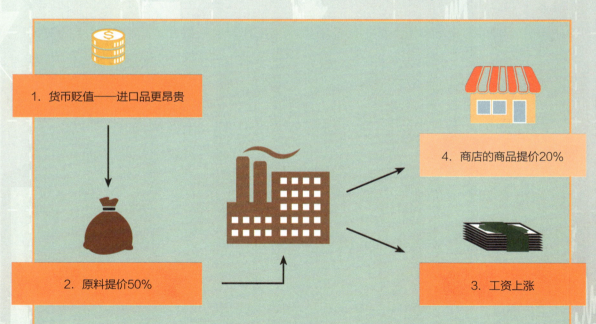

1. 货币贬值——进口品更昂贵

2. 原料提价50%

3. 工资上涨

4. 商店的商品提价20%

▲ 货币贬值会导致通货膨胀；货币贬值又会导致进口原材料价格上涨；而制造成本的上涨，又会导致企业提高价格。

印钞

政府和中央银行有印制钞票的能力，存在印制更多货币以弥补资金短缺的诱惑。

但是，印制更多的货币会发生什么？如果政府把货币供给（流通中的货币）增加1倍，在其他条件不变的情况下，价格会上涨。由于商品数量不变，而经济体的货币增加，企业会提高价格。

假设政府印制了1亿美元的货币。经济体生产了1000万个小部件，每件成本为10美元，故经济体的总价值是1亿美元。如果政府把货币供给量增加到2亿美元，而小部件仍为1000万个。人们拥有的钱增加了，但小部件的总数不变。如果你拥有了更多的钱，你就会购买更多的商品，从而导致价格上涨。然而，企业不能因为政府印制了更多的货币而突然生产出更多的商品。如果货币供给量增加了1倍，那么最可能的情况是：我们拥有1000万个小部件，每个小部件的价格为20美元。这样一来，整个经济体的价值变成了2亿美元，而不是1亿美元。名义国内生产总值（Nominal GDP）有所增长，但商品数量并无变化。

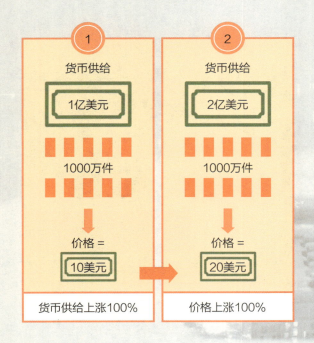

◀ 货币供给量翻倍不会改变小部件的总量。如果货币增加，商品数量不变，那么小部件的单价会上涨。

可以说，名义GDP的增长是一种货币幻觉（money illusion）。诚然，你拥有的钱多了一倍，但如果所有商品都贵了一倍，那么你的境况并没有改善。在这个简单的模型中，印钞没有改变商品的总数量，但却让商品变得更贵了。

印钞票不一定会造成通货膨胀！

更复杂的是，在某些时候，可以在不造成通货膨胀的情况下增加货币供给。在2008—2016年的经济持续低迷时期，英国和美国采用了量化宽松（quantitative easing）政策来增加货币供应量（见第20页，货币主义）。但由于需求低迷、银行业羸弱，基础货币的增长并未带来银行贷款或支出的大幅增加，通货膨胀率持续走低。

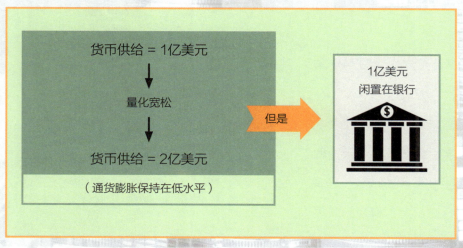

◀ 量化宽松政策导致货币供给从1亿美元增加到2亿美元。如果新增的1亿美元货币只是作为银行储备被闲置起来，就不会引起通货膨胀。这是个简化的说明，但它解释了为何在中央银行增加货币量的情况下，通货膨胀率仍能保持在较低的水平。

恶性通货膨胀

恶性通货膨胀（*hyperinflation*）是指导致经济动荡的超高通货膨胀率，即100%或更高的通货膨胀。一国通过印制更多的货币来应对经济危机时，可能会引发恶性通货膨胀。恶性通货膨胀通常会造成价格不断上涨，需要不断地印制更多的货币。

德国的恶性通货膨胀

第一次世界大战后，德国背上了大量的战争债务，而《凡尔赛条约》要求德国以外币偿还债务，使这一局面雪上加霜。债务导致德国马克贬值，而为了支付赔款，德国印制了更多的马克以购买外币。这导致德国马克进一步贬值，通货膨胀加剧。德国马克从1918年的1美元兑换8马克，贬值到了1922年的1美元兑换320马克。到1923年11月，1美元可以兑换高达1万亿德国马克。

由于德国马克不断贬值，要支付赔款需要更多的德国马克。这促使政府增印马克，引发了更高的通货膨胀率。这无疑是个恶性循环。1923年，经济危机导致产业大罢工，政府因为担心失业，印制了更多的货币支付给工人。这给恶性通货膨胀火上浇油，导致物价失控。

德国为何没有采取行动来阻止恶性通货膨胀？德国政府本来可以停止印钞，阻止恶性通货膨胀，但这会造成工人拿到的工资不足，企业也会破产。

▲ 恶性通货膨胀的影响是显而易见的。大量几乎毫无价值的货币，让日常交易变得越来越困难。

▶ 在恶性通货膨胀的情况下，铸币一文不值，除非铸币的金属具有某种内在价值。

恶性通货膨胀的代价

许多中产阶级人士发现，他们的储蓄消失了。德国出生的美国人瓦尔特·利维（Walter Levy）记得，其父"1903年购买了一份保险，每个月都如约支付保费。这份保险的期限是20年，到期时，他用兑现的钱买了一个面包。"恶性通货膨胀改变了社会的规则。辛勤工作、节俭度日、有所储蓄的人们，看到的却是其财富被吞噬。恶性通货膨胀令人震惊、困惑，人们不解这为何会发生。

人们只要拿到现金，就会购买一切可以购买的物品——最好是黄金、食品或珠宝。但在恶性通货膨胀的高峰期，人们会买像发夹等没什么用处的小装饰品——只要手里不留钱就好，因为钱很快就会一文不值。由于钱不值钱，易物经济（barter economy）的重要性上升——人们可以花几个鸡蛋来理发。不过，恶性通货膨胀并未使每个人都受损。债台高筑的人们可以轻而易举地偿还债务，拥有原料资源的富裕实业家也会受到保护。

通过引入新货币，即地租马克（Rentenmark），恶性通货膨胀得到了解决。然而，人们的储蓄无法恢复，这些经历使他们产生了深深的不安与怀疑。

通货紧缩

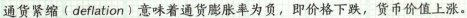

通货紧缩（*deflation*）意味着通货膨胀率为负，即价格下跌，货币价值上涨。

如果把现金藏在床垫下，没关系，这笔钱今后可以购买更多的商品和服务。虽然大多数经济体都以低通胀为目标，但不少经济学家会告诉你，通货紧缩比通货膨胀更糟糕。从多个角度来看，这都有悖于常理。价格下跌难道不是件好事吗？

> "如果通货膨胀是小鬼，那么通货紧缩就是必须果断对抗的食人魔。"
> ——克里斯蒂娜·拉加德（*Christine Lagarde*），
> 国际货币基金组织总裁

好的通货紧缩

首先，若收入上涨、物价下跌，通货紧缩可能是件好事。1870—1890年，由于技术改进导致价格中等程度的下降，美国经历了所谓的"大通缩"（Great Deflation）时期。这场通货紧缩，与收入上升、经济增长是相一致的。

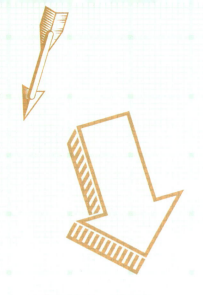

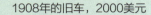

1908年的旧车，2000美元

亨利·福特的装配线

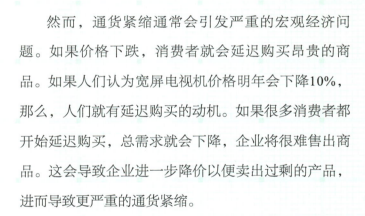

1913年的T型车，700美元

消费者享受更低的价格

▶ 1980年，汽车由手工制造，产量小且生产成本高。亨利·福特的装配线生产效率高，使汽车的生产成本大大降低。福特汽车的价格大幅下降至700美元。

然而，通货紧缩通常会引发严重的宏观经济问题。如果价格下跌，消费者就会延迟购买昂贵的商品。如果人们认为宽屏电视机价格明年会下降10%，那么，人们就有延迟购买的动机。如果很多消费者都开始延迟购买，总需求就会下降，企业将很难售出商品。这会导致企业进一步降价以便卖出过剩的产品，进而导致更严重的通货紧缩。

20世纪90年代和21世纪初，日本经历了很长时间的通货紧缩，这催生出了非常保守的消费者。消费者变得非常节俭——寻求更低廉的价格，这成为日本文化的一部分。在这种观念面前，促进消费支出和经济增长变得十分困难。

其次，不少个人和企业的负债水平非常高。通货紧缩使得债务的偿还更加困难。价格下跌往往意味着收入和工资的下降。因此，在通货紧缩时期，人们会发现：收入的更大一部分用到了债务的偿还上。有些人假设，他们借债时会出现适度的通货膨胀。对这些人来说，通货紧缩是个大问题。

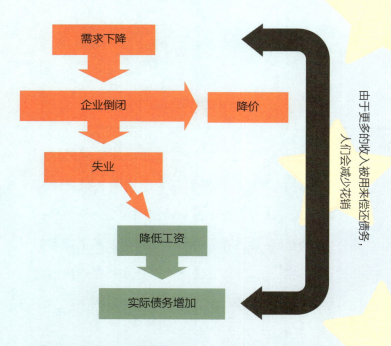

由于更多的收入被用来偿还债务，人们会减少花销

▲ 螺旋式通货紧缩。需求下降导致失业，工资下降，债务增加，这又导致需求和价格进一步下降。

欧元区的通货紧缩

需求下降使企业有了降价的压力。价格下跌导致债务的实际价值上升，使债务人的境况恶化，继而导致需求降低。这一现象被称为"螺旋式通货紧缩"（deflationary spiral）。

对许多欧元区经济体来说，真正的问题是债务的通货紧缩。价格和工资下降导致消费者支出下降，偿还债务的负担加重。对于政府债务来说，债务通缩也是个问题。价格下跌会导致名义GDP下降，导致政府债务占GDP的比重上升。

通货紧缩还会导致所谓的"真实工资失业"（real-wage unemployment）现象。一般来说，工人们会抵制名义工资的降低——没有人愿意看到薪水下降。但是，如果价格下跌，那么真实工资实际上会上涨。因此，在通缩时期，劳动力变得更加昂贵，从而导致劳动力需求下降。

▼ 通货紧缩的人道成本。由于需求不足，人们失去了工作。

大萧条时期的通货紧缩

在大萧条时期，价格下降到了创纪录的水平——1931年，美国的物价下跌了10%。由于人们对银行信心不足，通货紧缩促进了储蓄而不是支出。不仅如此，人们也没有什么借款的动力。通货紧缩是经济衰退延长的重要因素。

失业

　　失业会带来很高的经济成本和社会成本。失业是造成贫穷的主要原因，它会导致个人情绪抑郁、健康欠佳、无家可归和财务破产。失业率较高时，整个经济体会遭遇产出受损、资本利用效率低下、政府税收下降等情况。

什么导致失业?

　　在经济衰退期，企业发现需求下降，就会降低产量，减少对工人的需求。一些企业会倒闭，从而导致工人失业。随着失业率的上升，需求会进一步下降，因为失业者可以支出的钱减少了。

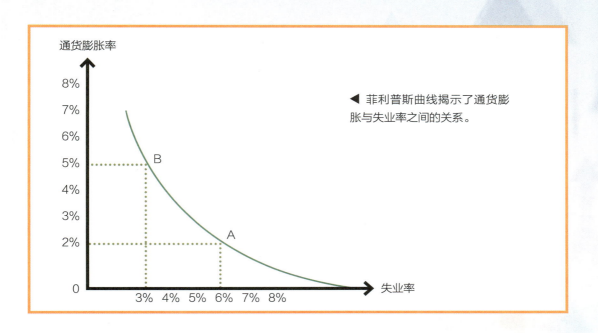

菲利普斯曲线揭示了通货膨胀与失业率之间的关系。

菲利普斯曲线

新西兰经济学家威廉·菲利普斯（William Phillips，1914—1975）所描述的菲利普斯曲线表明，失业和通货膨胀之间存在权衡（trade-off）。若这一关系成立，政策制定者就能以较高的通货膨胀为代价来换取失业率的减少，或是用较高的失业率为代价来换取通货膨胀的降低。

在A点，失业率为6%，通货膨胀率为2%——低增长率、高失业率。如果中央银行降低利息，经济体的需求就会增加，而商品需求的增加会增加对劳动力的需求，从而降低失业率。然而，接近充分就业时，价格和名义工资就会上升，导致B点出现通货膨胀。这构成了一个权衡——失业率降低，通货膨胀率上升。

如果需求下降，失业率会上升。较高的失业率意味着，工人为了得到工作，愿意领取较低的薪水。

曾经有一段时间，菲利普斯曲线反映了经济体的实际情况。例如在20世纪80年代初，美联储就以失业率上升为代价，降低了通货膨胀率；在此后的20世纪80年代末期，失业率下降，通货膨胀则随着经济的快速增长而上升。这表明，至少在短期内存在权衡。

对菲利普斯曲线的批评

　　如果石油价格较高（如1973—1974年），就会引发成本推动型通货膨胀；由于经济衰退，失业率会上升。在这种情况下，通货膨胀和高失业率同时发生。

供给侧政策

　　其他人认为，增加需求只会导致失业率暂时下降。

要减少长期失业，应该注重供给侧政策，减少自然失业率。其他导致失业的原因包括以下几点。

结构性失业

　　个体劳动者因为缺乏合适的技能和教育而失业。失去钢铁厂工作的体力劳动者，很难在信息技术等新服务行业获得再就业的机会。哪怕是在经济增长、"满负荷生产"的时期，也有一些工人会失业。

实际工资失业

　　工资上涨造成的失业。例如，把国家最低工资定在每小时15美元，会导致劳动力需求下降。

僵化的劳动力市场

　　欧盟的失业率相对较高，这常被归咎为劳动力市场规章的过度保护（例如规定了每周的最高工时、最低工时，解雇工人十分困难等），从一开始就不鼓励企业雇用工人。

财政赤字

财政赤字（*budget deficit*）是每年政府向私营部门借款的数额，是政府支出与税收之差。

周期性赤字

在经济衰退时期，政府借款增加。这是因为：

- 就业人员减少，所得税收入下降；
- 消费支出减少，销售税收入下降；
- 公司利润下降，公司税收入降低。

此外，失业率的增加和贫困会导致政府福利开支增加。

自动稳定器

在经济衰退期间，财政赤字的上升起到了自动稳定器（*automatic stabilizer*）的作用。这是因为，经济下滑导致经济增长降低，政府会自动降低税款，同时增加支出，例如向失业人员发放福利金。政府支出的增加，可以抵消私人部门支出的下降。

在经济高速增长的时期，情况恰恰相反——税收增加，福利支出下降。

结构性赤字

结构性赤字即经

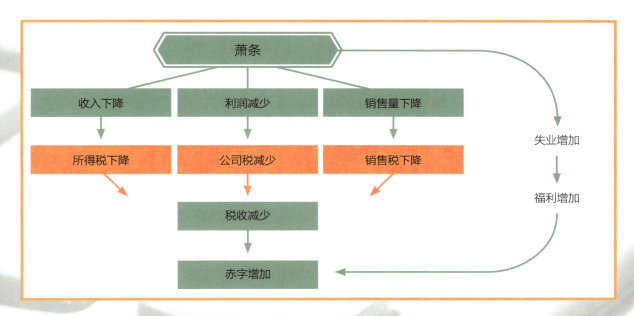

```
                    ┌─────────────────────┐
                    │        萧条          │──────────────────┐
                    └─────────────────────┘                  │
          ┌──────────────┼──────────────┐                    │
┌──────────────┐  ┌──────────────┐  ┌──────────────┐      失业增加
│   收入下降    │  │   利润减少    │  │   销售量下降   │         │
└──────────────┘  └──────────────┘  └──────────────┘         │
       │                 │                 │               福利增加
┌──────────────┐  ┌──────────────┐  ┌──────────────┐         │
│   所得税下降   │  │   公司税减少   │  │   销售税下降   │         │
└──────────────┘  └──────────────┘  └──────────────┘         │
                    ┌──────────────┐                          │
                    │   税收减少    │                          │
                    └──────────────┘                          │
                    ┌──────────────┐                          │
                    │   赤字增加    │◄─────────────────────────┘
                    └──────────────┘
```

▲ 2008—2009年的经济衰退过后，美国和欧盟都经历了预算赤字的快速上涨。负增长导致所得税收入下降，同时，需要在失业福利上投入更多的资金。

济处在充分就业时，政府的借款水平。结构性赤字可由多种因素引起，包括：

人口结构的变化（demographic changes）。 以日本等国家为例，老年化人口导致医疗保健、养老金支出增加，同时税收收入减少。这是许多西方经济体面临负债比率上升压力的一个因素。

增税的政治困境

很多政客当选是因为他们承诺，在"不增税"的同时，会增加医疗等公共服务的支出。这导致各级政府在降低赤字的政策上难以达成一致。

公共投资（public investment）。 与企业投资新技术一样，政府可以通过借款，改善交通和教育，修建新的住房。

一般来说，结构性赤字被认为是个更严重的问题，因为仅仅依靠经济增长，并不能削减结构性赤字。

国债

国债（*national debt*）是政府通过出售债券和其他证券借入的资金总额。国债是政府多年预算赤字所累积的债务。

政府怎样为政府债务融资？

政府会向私营部门（如银行和养老基金）出售债券。例如，某个政府按1000美元出售债券，年利率为5%。债券到期时（如30年期），政府会归还1000美元。投资者青睐政府债券，是因为他们每年都会获得债券的利息分红。此外，政府债券被认为是最安全的储蓄形式之一——西方国家的政府极少在债务上违约。不过，如果通货膨胀率高于债券利率，储户就会蒙受损失。

政府能借入多少资金？

国债的数字可能十分惊人。在美国，

$19,481,

截至2016年年底，美国联邦的总体债务水平约为19万亿美元；具体数字更为惊人，为19 481 571 141 221.67美元。

国债的规模可能令人震惊。但要理解国债，可以从国债占GDP百分比的角度来考察。

"衷心祝福年轻人，国债会由他们继承。"

——美国总统赫伯特·胡佛（Herbert Hoover），1936年1月16日在内布拉斯加州林肯市内布拉斯加共和党大会上的演讲

571,141,221.67

债务水平的变化

两次世界大战后，英国的债务达到顶峰。这说明，政府可以大量借款而不会造成经济问题。第二次世界大战后，英国在债台高筑的情况下，设立了国民医疗服务体系（National Health Service），把许多产业收归国有，修建了新的住房。20世纪五六十年代，英国经历了经济高速增长时期，尽管债务上升到了GDP的220%以上，但在随后的四十年里，其债务水平持续下降。值得注意的是，第二次世界大战之后，英国获得了美国的援助，获得了大笔贷款，使之能够维持较高的债务水平。

政府能借入多少资金？

政治立场偏右派的人们认为，政府借款对经济有

英国国债

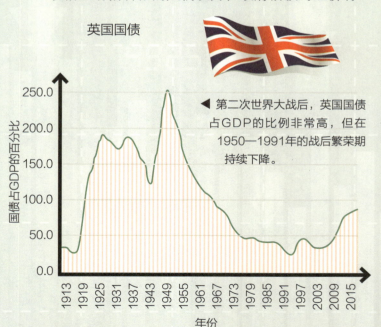

◀ 第二次世界大战后，英国国债占GDP的比例非常高，但在1950—1991年的战后繁荣期持续下降。

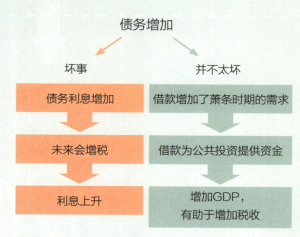

债务增加

坏事　　　　　　　并不太坏

债务利息增加	借款增加了萧条时期的需求
未来会增税	借款为公共投资提供资金
利息上升	增加GDP，有助于增加税收

▲ 国债的增加不一定是坏事，这取决于政府借款的动机和债务的用途。

害。他们认为，高额负债会带来更高的利息支出（要支付这些债务，需要征收重税），增加了未来违约的可能性。他们还认为，政府借款意味着政府支出的浪费，会对更高效的私营部门产生挤出（参见第224页）。最终，较高的债务水平会加重未来一代的负担。

　　然而，另一些经济学家认为，政府借款可能是必要的——例如在经济衰退时期，债务的上升可以抵消私人支出的下降。此外，债务使政府得以投资教育、医疗和基础设施，有助于提高长期生产力，促进未来的经济增长。债务的合意性有赖于以下几个因素。

债务的合意性

国内储蓄水平。如果国内储蓄不足，则赤字融资难度更大。

经济增长。如果实际GDP的增长率为3%，在不提高税率的情况下，债务与GDP的比率会下降。假设国债增长1%，GDP增长3%，尽管负债增加，但债务与GDP的比率在下降。由于美国和英国的经济长期增长，其负债比率在战后得以下降。因此，真正的问题发生在债务高企、经济停滞的时候。

外资持债。如果一国依靠外国投资者来购买债券，那么债务更容易受到资金外流的影响。例如，如果英国的债务由外国投资者持有，那么英镑价值下降会引起投资者抛售债券，使债务的融资更加困难。

信任。日本的债务占GDP的比率为227.9%，但由于国内投资者信任日本政府，债券的收益率很低。在其他国家，人们对经济的长期前景较为悲观。在希腊，虽然政府努力征税，但在经济下滑的情况下，债务违约的可能性相对较高。

经济增长

国内生产总值（GDP）是衡量一国产出和国民收入的指标。经济增长意味着实际GDP增长。从理论上讲，经济增长会提高生活水平，即随着平均收入的提高，个人能够享受更多的商品和服务。

经济增长的重要性

仅仅是150年前，西方国家的生活水平之低也是我们今天无法想象的：工人们为了生计而挣扎，人们普遍贫困，预期寿命非常低。经济增长在提高生活水平、减少贫困、实现经济多样化方面至关重要。经济增长还增加了教育、医疗、环境服务等公共服务方面的支出。此外，经济增长理应让人们有更多的时间投入休闲活动。自19世纪以来，工作日的时长已经缩短，但凯恩斯每周工作15小时这一乌托邦式的设想尚未实现（参见工作/生活的平衡，第96页）。

第二次世界大战之后，德国和日本的经济满目疮痍。不过，这些国家进行了重建，并创造了经济增长。经济增长使这些国家能够用收益进行再投资，使生产能力得以改善，促进了经济的进一步增长。

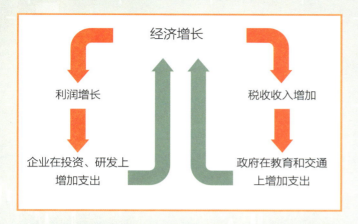

▲ 经济增长的良性循环。较高的增长率会促进投资，进而改善经济的长期增长。

经济增长的原因

从长期来看，决定经济增长最重要的因素是技术创新。在工业化之前的时代，人工种植粮食作物需要大量的劳动力；而在现代，采用新技术，只需较少的劳动力就能生产出足够多的食物。工人得以离开土地，迁移到城市，在工厂工作。食品生产成本的降低也意味着，人们只需要把收入的一小部分用于食品消费，而增加的结余可以购买其他商品。

1800年左右，处在工作年龄的人大多从事农业。到1900年左右，由于采用新技术，只需要少数工人就能生产出相同数量的食品，这使人们能够搬到工厂附近，生产更多的制成品。

到2000年，新技术提高了工厂的劳动生产率，这使工人转移到服务行业（如零售、清洁和保健行业）。

新技术提高了劳动生产率，是经济增长的重要因素。这意味着：即使人口数量不变，用同样数量的劳动力也可以生产出更多的商品。

近几十年来，计算机的广泛使用和互联网的发展，进一步提高了人们的生产率。

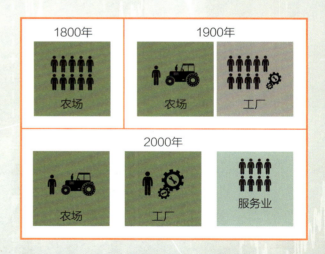

▲ 1800年，大多数人在农场工作；1900年，技术改进使人们得以离开土地，到工厂工作。生产率的提高对经济增长至关重要。

中国的经济奇迹

1985—2015年，中国是世界上增长最快的经济体，其年均增长率约为10%，而美国和欧洲的年均增长率在2%左右。是什么造成了中国的高速增长？

增长的步骤

过去的共产主义经济体效率不高，国有企业几乎没有什么激励。随着经济的自由化，企业拥有了巨大的节能增效潜力。由此，中国得以"赶上"更多的发达经济体。

- 对效率低下的国有企业进行改革。
- 价格管制的自由化。
- 开放外商投资和自由贸易。
- 开放股票市场，发展银行业（20世纪90年代）。

- 低工资和低价格促进了中国制造业的出口。

- 出口行业的增长带来规模经济。

- 增长和利润促进了投资和资本积累。

促进中国制造业增长的另一个因素，是大量廉价劳动力的供给。20世纪80年代初，中国的劳动力中有很大比例在农村工作，且收入很低。随着中国东南地区工业的发展，出现了弹性较高的劳动力供给，人们愿意以较低的工资（仍高于农业生产的工资）工作。这使中国在劳动密集型的制造业中获得了比较优势——中国企业能够通过低价与西方国家竞争，而后者有较高的劳动力成本。

中国强劲的经济增长创造了一个良性循环：高增长和高利润带来了实际收入的增加和需求的增长，同时资本积累增加，进而使得投资增长。

经济周期

经济周期并不总是稳定的，经济必定会经历高峰和低谷。如果决策者不小心，就会引起所谓的繁荣与萧条。

经济繁荣

一段时间内工资和房价的上涨，会使消费者信心增强，进而增加消费。需求的增长会推动经济增长，刺激企业投资、扩大生产。而投资又创造了更多的就业机会和需求，带来了更高的经济增长。

繁荣与萧条

然而，好事接二连三发生是不可能的。如果需求快速增长，企业可能无法跟上需求的增长。企业如果不能在短期内增加供给，产品就会涨价，从而达到最大化收益、抑制需求的目的。这会导致通货膨胀，是经济过热的迹象。为了降低通货膨胀，中央银行或许会提高利率，由此减少需求。

在经济繁荣期，消费者会忘乎所以，靠信用卡借款来增加消费。1929年华尔街大崩溃之前就发生了这样的情况——当时，人们借钱购买股票和汽车。面对政府以降低通胀为目的的加息，背上巨额债务的消费者，其境况会迅速恶化，不得不减

少其开支。

　　经济会从高速增长的时期迅速转变。由于信心下降，人们削减支出，试图还清债务。这导致需求下滑、产出下降、投资减少，需求进一步下降。随着GDP下降、失业率上升，经济出现衰退。对此，企业会减少投资，进而引起增长放缓。最终，随着消费者再次开始消费，萧条告一段落，经济周期周而复始。

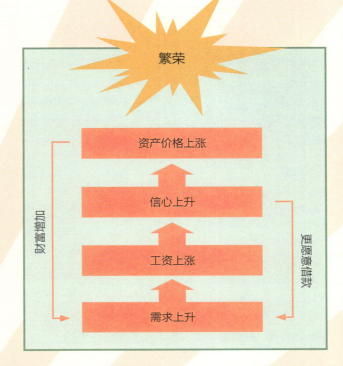

繁荣

资产价格上涨

↑

信心上升

↑

工资上涨

↑

需求上升

财富增加

更愿意借款

▲ 可能产生经济繁荣的多个因素。

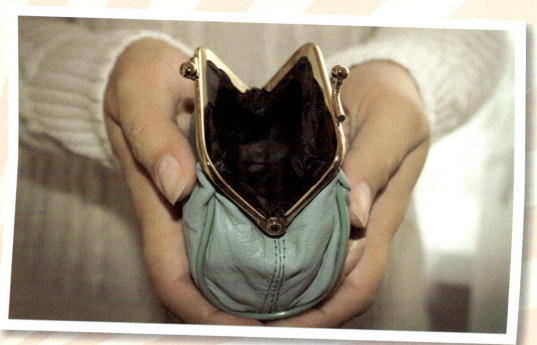

长期停滞

长期停滞（secular stagnation）是指经济增长普遍放缓，繁荣与萧条的经济周期终结的现象。自2008年金融危机以来，经济增长率远低于战后的平均增长率。

造成长期停滞的因素有哪些?

- 全球需求疲软。例如，欧元区的问题导致欧盟经济增长放缓。

- 工资低增长。全球化和新技术使得工资持续低增长。国内生产总值（GDP）中的较大份额被保留为留存利润，而不是用于增加工资，从而限制了经济体的需求。

- 钢铁、汽车和石油等市场出现供大于求（供给过剩）。这导致许多企业处境艰难。

- 全球化使全球经济竞争加剧，对价格造成了下降的压力。

- 中央银行的通货膨胀目标有助于避免经济繁荣和萧条的循环，这种循环在20世纪七八十年代更为普遍。发达国家的通货膨胀率一直在下降。通胀下降曾经被认为是件好事，但随着我们越来越接近通货紧缩，人们担心通胀目标会抑制正常的经济增长。

结构性因素

需求有限是长期停滞的部分原因。不过，一些经济学家认为，长期停滞是长期的结构性因素导致的。许多西方经济体的老龄化人口正在迅速增长，劳动人口减少，而老年抚养比（old-age dependency ratio）上升。在西方，尽管人们生活在高科技社会，但不少人认为，与过去的技术飞跃相比，技术的改进越来越微不足道，而生产率提高的收益也有递减的趋势。劳动密集型服务业日益重要，但提高该行业的生产力却会更加困难。此外，环境问题

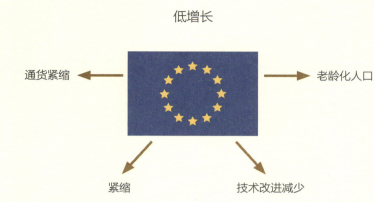

低增长

通货紧缩 ← 📅 → 老龄化人口

紧缩　　　　技术改进减少

◀ 人们担心，全球经济会面临长期经济停滞，特别是欧洲。欧洲有人口老龄化、财政紧缩的问题，并多次出现通货紧缩、低增长，失业率较高。

可能会对有限的商品产生价格压力。如果这些因素是永久性的，那么未来我们会面对较低的经济增长率。

我们是否太过悲观?

很多时候，人们低估了新技术的潜力。早在19世纪早期，英国牧师兼政治经济学和人口学学家托马斯·马尔萨斯（Thomas Malthus，1766—1834）就预言说：持续增长的人口很快就会超过潜在的粮食产量，造成饥荒和死亡，并退回到自给农业。（难怪经济学被称作是"令人沮丧的科学"！）马尔萨斯认为灾难即将到来的预言并未成真。也许十年之后，回顾20世纪头个十年，我们会认为这十年是不寻常的低增长困难期。

◀ 托马斯·马尔萨斯（Thomas Malthus）撰写了《人口原理》（*An Essay on the Principe of Population*，1798）。他认为，人口增长的速度会超过生产食物的速度。

经济衰退

经济衰退意味着经济正在经历负增长——换言之，经济体的规模在缩小。

经济衰退期间会发生什么？

- 失业率上升。企业出售的商品减少，并减少招聘。在严重的经济衰退之下，越来越多的企业会停业，造成失业。

- 政府借款增加。失业意味着所得税收入下降，政府却必须在失业福利上增加支出。
- 消费者削减开支，储蓄率上升。
- 通货膨胀下降。企业降低商品价格，期望卖掉过剩的存货。

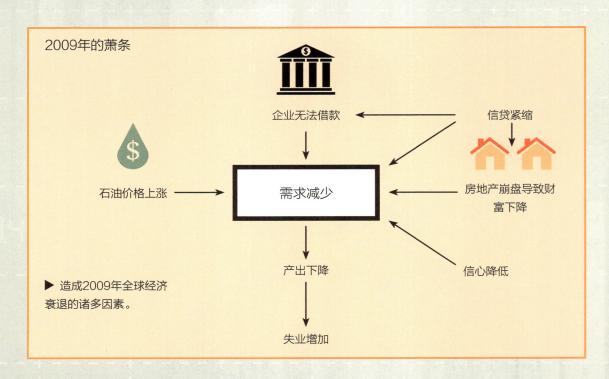

2009年的萧条

▶ 造成2009年全球经济衰退的诸多因素。

什么导致经济衰退？

大多数经济衰退都是由需求侧冲击（demand-side shock）造成的。需求侧冲击即导致消费者支出或投资下降的事件。2008—2009年，全球经济都受到了金融危机的影响，这导致银行贷款萎缩，消费信心下滑。房价下跌和油价上涨，导致经济衰退进一步恶化。

1980—1982年，美国的高通货膨胀导致美联储加息。利率上升抑制了需求，引发了经济衰退。

供给侧冲击

经济衰退也可能是由供给侧冲击（supply-side shock）造成的。通常，石油价格快速上涨会导致成本增加，需求受到抑制。最著名的供给侧衰退发生在1973—1974年，原因是欧佩克（OPEC，也作"石油输出国组织"）把石油价格提高了4倍。这引起了物价上涨，导致人们的可支配收入下降。这还导致了1973—1974年股市崩盘，进一步挫伤了投资者信心。这次成本推动型通胀带来了一段时期的滞胀，即产出下降和价格上涨同时发生。

2008年，正当金融危机对需求造成冲击时，油价又快速上涨，进而造成了银行贷款和消费支出双双减少的二重打击。

真实经济周期

　　真实经济周期（*real business cycle*）理论认为，经济衰退是供给侧因素造成的，如技术和生产力的变化。该理论认为，经济衰退并不是市场失灵、需求不足造成的，而是现代经济不可避免的自然特征。

　　这意味着政府无法阻挡经济衰退，政府干预只会让情况变得更糟——例如，扩张性的财政政策会导致低效的政府支出增加，带来通货膨胀和债务。

经济衰退有益么？

　　一些分析人士认为，经济衰退是有益的。美国总统赫伯特·胡佛（Herbert Hoover）的一番言论可谓臭名昭著。胡佛

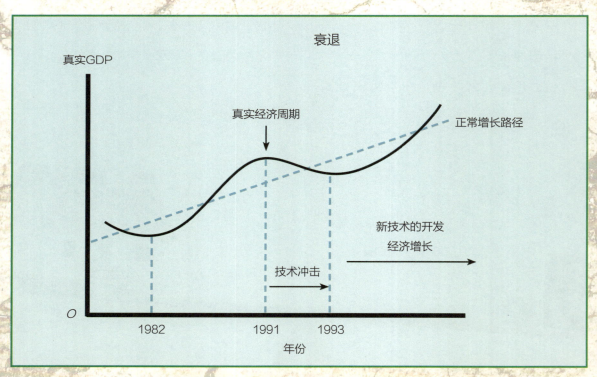

▲ 经济增长偏离正常路径，是由外部冲击或新技术所导致的。

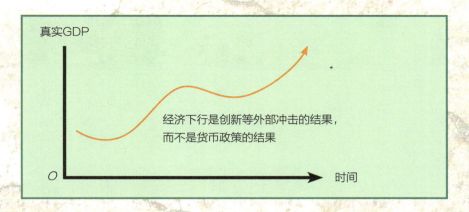

真实GDP

经济下行是创新等外部冲击的结果，
而不是货币政策的结果

时间

◀ 真实经济周期的波
动，是由外部冲击造
成的。

说，财政部部长安德鲁·梅隆（Andrew Mellon）曾在大萧条时期建议："清算劳动力，清算股票，清算农民，清算房地产……能把系统中的腐朽清理出去……人们会努力工作，过上更道德的生活。"

这种观点认为，效率低下的企业应当在经济衰退中破产，而幸存下来的企业有更大的激励去削减成本、提高效率。从长远来看，清除经济体中的低效是有益的。而一些著名的企业，如通用汽车、迪士尼，就是在深度衰退时创立的。

但其他经济学家认为，这忽视了有力的实证证据。实证证据表明，经济衰退是私人部门的支出下降引起的，并且会持续很长时间。认为经济衰退"有益"的观点颇具争议，因为经济衰退会对经济造成长期损害，例如：

- 失业是导致贫困、精神疾病、抑郁和压力的罪魁之一。即便是短期失业，也会使受影响的人陷入困境。

- 如果失业率上升，遭遇裁员的人们会发现，未来重返工作岗位会更加困难——这是一种迟滞效应（参见第153页）。

- 一些优秀、高效的企业，会因为暂时缺乏需求、无法借入充足的资金而破产。

- 在经济衰退期间，投资的大幅下降会导致未来的生产力下降。自2008—2009年经济衰退以来，欧洲的许多经济体并未恢复原有的经济增长速度。

国际收支

国际收支（*balance of payments*，也作"国际收支差额"，有时也指"国际收支平衡表"。——译者注）衡量的是一个国家与世界其他地区的交易情况，涉及进出口与资本流动。国际收支有两个主要组成部分：

- 经常账户（current account）。记录货物的进出口价值（贸易差额）、服务及投资收入以及经常转移（current transfers）。

- 资本和金融账户（capital and financial account）。记录了资本流动——例如储蓄存款从一国向另一国的转移，或者外国企业在另一国建立工厂的情况。

如果一国出现经常账户赤字，该国会通过吸引资本流动来弥补赤字。换言之，经常账户赤字需要金融和资本账户上有盈余。

美国从中国和日本进口的货物大于出口，存在经常账户赤字。中国和日本通过出口获得美元，并用这些外币在美国投资。一家日本企业会在美国设厂生产汽车，而中国则利用外汇收入购买美国政府债券等美国资产。这些资本从中国和日本流向美国，使美国能够收回因进口而花费的美元；反过来，这又使美国能够进口更多的货物。

中国经常账户的巨额盈余，对应着美国和英国等国的赤字。换句话说，经常账户的赤字是用金融和资本账户的盈余来融资的。

如果中国停止购买美国资产，会发生什么？

假设中国决定停止购买美国资产，转而购买他国资产，或是把资金留在中国，由于对美国资产的需求减少，对美元的需求下降。对美元需求的下降，会体现为美元相对于人民币贬值。这会提高美国出口商品的竞争力，而从中国进口的商品，价格会上涨。结果是，美国消费者购买的中国产品减少，购买的美国产品增加，美国的经常账户赤字减少。

换句话说：理论上，只要汇率具有灵活性，国际收支就能自我矫正。弥补美国经常账户的赤字，需要来自中国和日本的资本流动。如果资本流动枯竭，美元就会贬值，美国的经常账户赤字就会减少。

国际收支的均衡

- 在浮动汇率制度下，经常账户赤字对应着金融和资本账户盈余，反之亦然。
- 一个国家利率上升，会导致储蓄流入，金融账户出现盈余。
- 然而，资本流入也会导致汇率升值。这会导致出口商品竞争力下降，进口商品更为便宜，进而导致经常账户赤字。
- 国际收支存在自我矫正的机制。

中国为何要持续购买美国资产？

中国为何要持续购买美国资产，间接帮助美国政府和美国企业偿还债务？一个原因是，中国有保持美元相对强势、人民币相对弱势的既得利益。中国通过购买美国资产，使人民币保持弱势，提高了中国出口商品的竞争力。这带来了中国经济的高速增长，可以说是以牺牲美国的经济增长为代价的。（值得注意的是，人民币近年来已经升值。）此外，购买美国资产是积累外汇储备（危机时可以抛售）的好办法。

▼ 2008年，中国和日本的经常账户出现了巨额顺差。相应地，美国和英国的经常账户出现了赤字。2008—2009年全球经济衰退之后，随着美国进口的相对减少，中国的顺差有所下降。

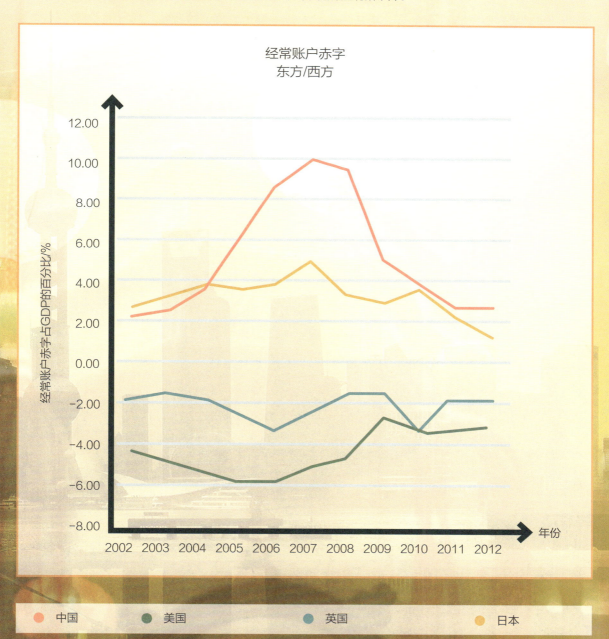

经常账户赤字
东方/西方

● 中国　　　● 美国　　　● 英国　　　● 日本

经常账户赤字

经常账户赤字本质上是指：进口商品的价值大于出口商品的价值。（严格地说，还要考虑净投资收益和经常转移。）

乍看之下，经常账户赤字并不是件好事，因为这意味着入不敷出。2003年，美国传奇投资家巴菲特（Warren Buffett）针对美国说道：

> "实际上，我国的做派好比一个拥有大农场的富豪家庭。我们的消费要比生产多4%——即存在贸易赤字——为此，我们每天都得卖掉农场的东西，还要给欠下的债务追加抵押贷款。"
>
> ——沃伦·巴菲特

然而，与许多经济问题一样，经常账户赤字的重要性取决于多种因素。赤字不一定是坏事。

19世纪的经常账户和赤字

19世纪下半叶，美国经常账户持续赤字。但在此期间，美国吸引了大量的资本流入。例如，英国投资者为美国新建的铁路网提供了资金。这些资本流动不仅提高了美国经济生产力，还为美国的经常账户赤字提供了资金。对铁路的投资被证实是有利可图的，铁路公司的收入增加，而这些收入被用来支付英国贷款的利息。

这一时期的经常账户赤字和外来投

资，使美国成为世界上最强大的经济体——这表明，经常账户赤字与经济增长是一致的。第一次世界大战后，美国的工业处于非常有利的地位，美国成为全球领先的出口国——很多年里，美国的经常账户一直有盈余，这使美国企业得以积累外国资产。

1982年后的经常账户赤字

自1982年以来，美国经济持续出现经常账户赤字，并在2006年达到峰值，其规模接近GDP的6%。美国的经常账户赤字是由以下几个因素造成的：

- 国内储蓄下降。消费者支出占收入的比重上升，但储蓄占比并未上升。这导致进口消费相对较高。
- 新的出口国出现。中国和东南亚比美国更具竞争力。
- 美国被视为投资组合的避风港。这导致人们对美国的债券和资产有持续的需求，由此产生

的资本流动有助于维持巨额经常账户赤字，并为赤字融资。

- 美元的强势。由于对美国资产的需求，尽管存在经常账户赤字，美元依然强势。美元的强势导致美国的出口商品较为昂贵，而进口商品较为便宜。

美国的经常账户赤字已从2006年的6%下降到了2015年的2.5%（得益于能源生产的改善、进口的下滑）。这表明，美国6%的赤字可能并没有巴菲特担心的那么严重。

国际收支危机

　　若一国无法购买基本的进口商品和/或支付债务的利息，就会发生国际收支危机。通常，这会导致货币迅速贬值，引起经济动荡。在新兴经济体中，这种现象更为常见。

国际收支危机是如何发生的

　　新兴经济体会吸引外国贷款，为投资和消费融资。这带来了更高的经济增长率，刺激发达国家的银行借出更多的资金。这些资金可用来支付当前贷款的利息，并为更多的投资和支出融资。

　　假设某个外部事件导致投资者对新兴经济体失去信心，例如，新兴经济体依赖石油出口，但受到石油价格下跌的冲击，由于人们失去信心，外汇不再流入。经济增长放缓意味着新兴经济体很难偿还利息，外国投资者变得紧张起来，试图撤出其对外投资和/或要求提高利率。由于经济增长放缓、利率上升，新兴经济体必须用其收入的很大一部分来偿还利息，这导致缺乏货币来购买进口必需品。新兴经济体的货币价值迅速下跌，因为人们不愿购买该国货币，而是更青睐美元这样的安全资产。货币的急剧贬值使得进口商品更昂贵，阻碍了投资。这也使得偿还以外币计价的贷款更加困难。为了遏止货币贬值，新兴经济体决定提高利率以吸引储蓄，但这会导致经济增长放缓，出现产出下降的恶性循环。

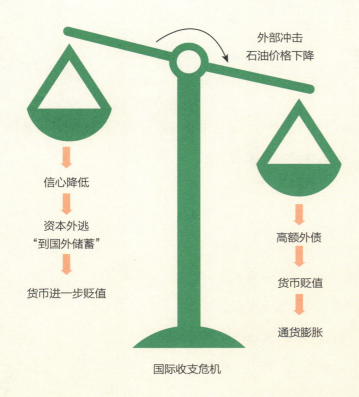

国际收支危机

外部冲击
石油价格下降

信心降低

资本外逃
"到国外储蓄"

货币进一步贬值

高额外债

货币贬值

通货膨胀

◀ 对于一个依赖石油生产的国家而言，石油价格下跌会造成国际收支危机。随着收入减少，偿还外债愈发困难，这会引发货币贬值，并导致通货膨胀。这些问题均会导致人们失去信心，造成货币进一步贬值。

摆脱国际收支危机

　　国际收支危机并不是永久性的。首先，一个国家可以获得国外提供的紧急资金，例如，国际货币基金组织（IMF）的贷款能帮助经济稳定下来。其次，汇率下降会提高一个国家出口商品的竞争力；随着时间的推移，该国会因出口的增加而获益。另外，该国可以对撤资设置限额，减缓资本外逃的速度。

1. 外债积累。

2. 外部冲击引起经济增长下滑，用来偿还外债的收入减少。

3. 货币贬值。这使得偿还外债更加困难。

4. 货币贬值，人们对经济失去信心，投资者会寻找更安全的避风港。

汇率

汇率反映了一种货币对另一种货币的交易价值。例如，2016年9月，英镑兑美元的汇率是1美元=0.75英镑，或1英镑=1.33美元。

决定汇率变动的因素有哪些?

汇率由供需因素决定，与各经济体的财富密切相关。

通货膨胀与汇率。从长远来看，相对通货膨胀率是至关重要的。如果美国的通货膨胀率永远高于其主要竞争对手，那么，美国商品的竞争力会下降（因为在美国生产的以美元计价的商品，其价格会上涨。——译者注），对美国出口商品的需求下滑；同时，美国对进口商品的需求会上升；这会导致美元贬值。

第二次世界大战后，德国马克和日元成为最强势的货币。这很大程度上是因为，两国经济的通货膨胀率较低，生产力不断提高，出口行业取得了成功。

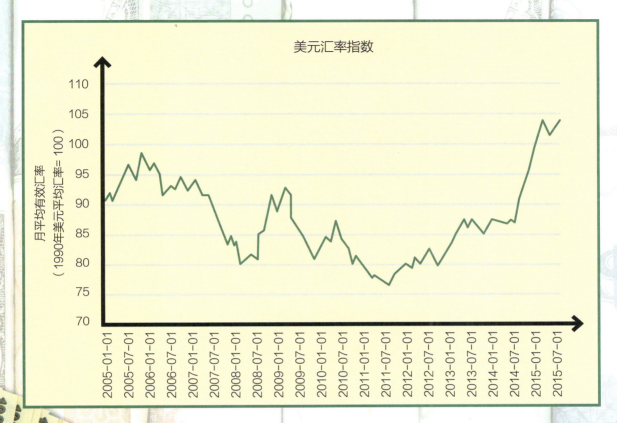

美元汇率指数

月平均有效汇率
（1990年美元平均汇率=100）

▲ 美元的有效汇率是指：美元相对加权的一篮子货币的价值，它体现了美元的整体表现。由上图可见，2011—2015年，美元的升值幅度约为35%。

2012—2015年，美元在外汇市

场上升值，其原因有很多：

经济增长提高。美国从全球经济衰退

中恢复过来的速度要快于欧元区。更高的

经济增长率使人们对美国经济更有信心，

对利率上涨的前景更为看好。

经常账户赤字。经常账户赤字意味着进口商品的价值和其他资金的流出，超过了出口商品的价值和其他资金的流入，换言之，资金正在撤离该国，这往往会导致货币贬值。2011—2014年，由于出口增加、能源进口相对减少，美国经常账户赤字占GDP的比重从3.2%下降到了2.2%。这增加了对美元的需求。

安全的避风港。2009年后美元升值的另一个原因是，全球投资者认为：相对于其他货币，美元是个相对安全的避风港。2012年，欧元区债务危机导致欧元的吸引力下降。在危难时期，与新兴经济体的动荡不安相比，投资者更青睐美国资产的"安全性"。

投机。投资者试图通过预测汇率的变动来获利，为此，全球货币市场上交易的美元有数万亿之多。结果是，汇率变动反映的，通常只是市场交易者情绪的变化。

2016年6月，英国对"退欧"进行了投票。几周内，英镑贬值了15%，因为投资者预测，一旦英国脱离欧盟的单一市场，人们对英国的经济投资和储蓄需求就会减少。

金本位制

金本位制（gold standard）是把货币价值与黄金价值直接挂钩。金本位制的目的是：保持较低的通货膨胀率，提供稳定的汇率，以促进国际贸易。

不过，凯恩斯批判了金本位制。他认为，金本位制带来了紧缩的压力，可能造成汇率缺乏竞争力。

在大萧条时期，人们认为金本位制引发了通货紧缩和经济衰退。为了让货币贬值，使出口品更具竞争力，各国纷纷退出金本位制。金本位制至今未恢复。

"事实上，金本位制已经成为野蛮文化的遗迹。"
——约翰·梅纳德·凯恩斯

利率的重要性

以一家投资银行为例，这家银行希望获得最优的储蓄利率。欧洲的利率是0.5%，美国也是0.5%。若两国利率相同，那么投资美国还是投资欧洲并无关系。如果美国的利率上升到1.5%，那么，把数百万欧元的储蓄转移到美国就是值得的，因为收益率更高。因此，投资者会卖出欧元、买入美元，导致美元升值。即使欧元有升值的预期，利率上涨的前景，也足以促使投资者购买美元。

货币贬值

如果货币经历了主动贬值（devaluation，也作"低估"）或被动贬值（depreciation），对经济而言是好还是坏？（depreciation一词是指因供需关系变化而导致的汇率降低，因此这里译作"被动贬值"；devaluation是在官方不允许汇率浮动的情况下，强行降低汇率，因此译作"主动贬值"；若不加特殊说明，后文的devaluation一律译作"贬值"。——译者注）

货币贬值会使出口商品更便宜，而使进口商品更昂贵。假设英镑兑美元的汇率是1英镑 = 1.50美元。在美国购买3美元一个的苹果派，在英国需要花2英镑。如果英镑贬值，汇率变为1英镑= 1.20美元，那么英国消费者要购买同样的苹果派，需要花2.50英镑。

与此同时，一辆售价10000英镑的英国产汽车，在美国要卖15000美元。英镑贬值后，美国消费者要购买同样的汽车，需要花12000美元。结果是，英国出口的汽车会增加，进口的苹果派会减少。

货币贬值国最大的赢家是该国的出口商。出口商会发现，由于该国的商品相对便宜，需求会上升。总的来说，由于对出口商品的需求增加，对进口商品的需求减少（因为贬值后，以本国货币计价的外国商品相对较贵。——译者注），国内需求和经济增长都会上升。

由于出口相对于进口增加（增加的幅度取决于需求弹性），货币贬值会导致经常账户的赤字减少。如果对出口商品的需求缺乏弹性，货币贬值只会导致出口额小幅增长；如果对出口商品的需求是富有弹性的，那么需求会有较大百分比的增长。

最大的输家将是从国外进口商品的人。进口商品会更昂贵，消费者的购买力会相对下降。货币贬值还会导致通货膨胀。这是因为：

- 进口商品更为昂贵。
- 国内需求上升，引发需求拉动型通货膨胀。

- 出口商降低成本的激励降低（因为他们不必做出任何努力，竞争力就增强了）。

某些贬值可能有益

如果一个国家已经陷入经济衰退，那么货币贬值有助于拉动内需。

英镑汇率指数

▲ 上图给出了英镑价值的走势。该图突出了两次暴跌——1992年的主动贬值和2008年金融危机造成的被动贬值。

1992年，英国还是欧洲汇率机制（European Exchange Rate Mechanism，ERM；英国于1990年加入。——译者注）的参与国。ERM试图让英镑价值保持在高位，这意味着保持高利率。然而，由于货币高估、利率较高，英国出现了经济衰退。

1992年9月16日星期三，英镑脱离了ERM，贬值达20%。当时的人们认为这是一场灾难，将之称为"黑色星期三"。然而，这次贬值使英国的出口商品更为便宜、进口商品竞争力下降、利率降低，英国经济强势复苏。由于经济中的闲置生产力得到了利用，通货膨胀得到遏制，失业率下降。

货币贬值中的赢家和输家

赢家

- 向国外出口的企业
- 去国外度假更便宜
- 经济增长趋于上升
- 工作更有保障

输家

- 购买昂贵进口商的消费者
- 进口原材料的企业
- 通货膨胀趋于上升

有害的货币贬值

1992年的贬值虽对英国经济有利，但并不意味着贬值总是有益的。2011年，白俄罗斯的白俄罗斯卢布（Belarusian rouble）一年之内贬值62%，导致通货膨胀率攀至108%，利率高达45%。这种贬值会导致经济动荡——人们会用其他货币来持有资金，而货币贬值、通货膨胀抑制了投资。

2014年，由于油价崩盘，俄罗斯经济遭受重创，卢布出现了类似的贬值。为了应对这种现象，俄罗斯央行将利率上调至13%～17%，但却难以遏制卢布价值的下跌，而通货膨胀率则上升到了11%。俄罗斯希望通过卢布贬值重新建立俄罗斯经济的平衡，从石油生产转向制造业出口。但是这种再平衡可能难以实现。

内部贬值

在固定汇率制度下，一国不能主动使其货币贬值。要重新获得竞争力，另一种方法是降低工资、价格和成本。这被称为内部贬值（internal devaluation），因为人们要在不改变货币价值的情况下，实现与贬值一样的效果。然而，降低价格、工资和成本可能更为困难，因为工人往往反对减薪。相比之下，货币的主动贬值要容易得多。

购买力平价

货币的购买力是指购买一篮子商品所需要的货币数量。购买力平价是根据购买相同数量的商品和服务所需货币（如美元或英镑）来计算的有效汇率。如果一品脱啤酒在英国卖3英镑，在美国卖2美元，那么根据购买力平价，*1英镑 = 1.50美元*。

英国　　　　　　美国

2.00英镑　　　　3.00美元

购买力平价
1英镑 = 1.50美元

一价定律

购买力平价的概念源于"一价定律"（the law of one price）。一价定律认为，若不存在交易成本和贸易壁垒，那么使用同一种货币计价，商品的售价应当相同。如果加拿大的商品价格更便宜，美国消费者就开车去加拿大购物——这会推高加拿大的物价，并给美国的价格带来下行压力。

巨无霸指数

价格最高的六个国家（2015年11月15日）

1. 瑞士——6.82美元（6.50瑞士法郎）
2. 挪威——5.65美元（46挪威克罗纳）
3. 瑞典——5.13美元（43.70瑞典克朗）
4. 丹麦——5.08美元（34.59丹麦克罗纳）
5. 美国——4.79美元
6. 以色列——4.63美元（18.05以色列新锡克尔）

价格最低的六个国家（2015年7月）

1. 委内瑞拉——0.67美元（4.22委内瑞拉玻利瓦尔）
2. 乌克兰——1.55美元（15.74乌克兰格里夫纳）
3. 印度——1.83美元（121.21印度卢比）
4. 俄罗斯——1.88美元（133.75俄罗斯卢布）
5. 马来西亚——2.01美元（8.63马来西亚林吉特）
6. 南非——2.09美元（31.48南非兰特）

上表给出了以美元计价的巨无霸价格。理论上，巨无霸的配料在全球范围内都是一样的，因此，巨无霸指数显示了汇率与购买力平价的差异。2015年，巨无霸的价格是：

- 美国——4.79美元；
- 南非——2.09美元（31.48南非兰特）；
- 委内瑞拉——0.67美元（4.22委内瑞拉玻利瓦尔）。

这意味着：在南非，10美元可以购买近5个巨无霸，而在美国只能买到两个。换句话说，1美元在南非的购买力比在美国强。因此，官方汇率并不能反映美国和南非之间的实际购买力平价。南非兰特兑美元的汇率被低估了56%。

《经济学人》杂志创造的"巨无霸指数"以轻松的方式揭开了实际汇率的面纱。当然，巨无霸只是单一商品，要更准确地了解汇率，需要看一篮子商品的价格。

劳动力成本和购买力

巨无霸指数表明，南非的生活成本比美国低。但是，如果美国的工资水平更高，赚得一个巨无霸的钱相对会更容易。如果南非的工资水平较低，那么买1个或5个巨无霸，需要工作更长时间。

为何货币价值与购买力平价有差异？

经济的不稳定是其中一个原因。由于南非的政治、经济环境不确定性较大，投资者对南非的投资较为担忧，而美国则被认为十分安全。此外，两国的生活成本也不同——美国的工资、商业租金普遍较高，因此，需要对巨无霸收取更高的价格来弥补较高的成本。

第七章

CHAPTER 7

经济政策

ECONOMIC POLICY

货币政策

货币政策着眼于低通胀和稳定的经济增长。利率是货币政策的主要工具。如果经济增长过快，人们预期通货膨胀上升，中央银行就会上调利率。那么，利率上升会有什么影响呢？

利率上升会增加借款成本。结果是，企业推迟投资决策，消费者会减少支出。拥有大额可变利率住房抵押贷款的房主，其可支配收入会减少，因为他们每月支付的按揭利息会增加。利率上升可能导致房价下跌。

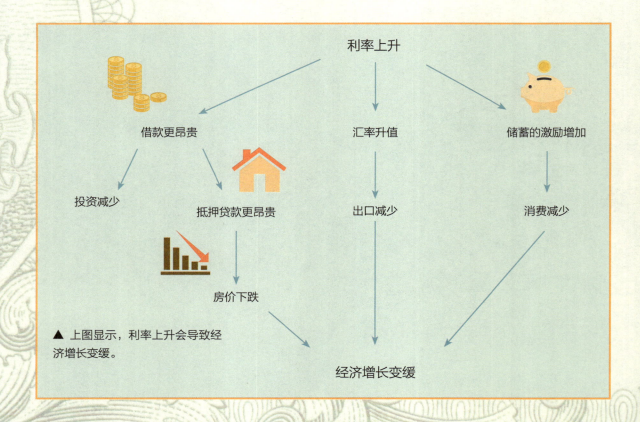

▲ 上图显示，利率上升会导致经济增长变缓。

利率如何影响支出？

假设某房主每月收入为2000美元，每月偿还400美元按揭贷款，并把剩下的1600美元用到其他地方。如果利率从4%上升到6%，那么该房主每月的还款额会上涨至600美元，剩余1400美元。

2005年和2006年，利率的略微上涨对美国经济产生了很大影响。而在之前的几年，很多人借入了巨额贷款。随着利率上升，贷款变得难以负担，随即出现了房屋收回（home repossessions）增多、房价下跌的情况。这是随后经济衰退的原因。

高利率还会吸引"热钱流动"（hot money flow），导致货币升值。货币升值会导致出口商品竞争力下降，国内需求降低。由于进口商品在价格上更具竞争力，消费者会用进口商品替代一些国内商品。

总之，如果经济过热（增长太快），提高利率不失为给经济刹车的一个办法。这会使支出和投资的增速放缓，从而防止通货膨胀。曾于1951—1970年任美联储主席的威廉·麦克切斯尼·马丁曾说，提高利率好比"派对未毕，撤走酒具"。

▲ 威廉·麦克切斯尼·马丁（William McChesney Martin）曾任美联储主席近二十年。

另一方面，降低利率可以在经济衰退时鼓励投资和支出。利率较低时，借款、投资更便宜，背负个人债务的人士会有更多的可支配收入。从理论上讲，这会使经济增速加快。

低利率——好消息和坏消息

2009—2016年，欧洲大部分地区和美国的利率为0.5%甚至更低。

好消息

- 对有住房抵押贷款的房主；
- 对有债务的企业；
- 政府借贷更便宜。

坏消息

- 储蓄者的收益降低；
- 借款人无法获得贷款（低利率使银行贷款无利可图）。

　　低利率对现有借款人来说是好消息，但对已经退休、靠自身储蓄为生的人来说，则是坏消息。

货币政策是否奏效？

　　2008—2009年，美国和欧洲的经济出现了严重衰退。为了应对这一情况，利率从5%左右降到了0.5%的历史低点。从理论上讲，降息应当促进经济增长、降低失业率，帮助经济复苏，然而，降息对促进经济增长的作用微乎其微。

为什么降息有时不起作用？

　　银行业危机。2008—2009年的经济衰退是由信贷危机引起的，信贷危机导致银行资金严重短缺。利率下调后，尽管借贷成本非常低，但银行无力或不愿意放贷。低廉的借贷成本并未发挥太大的作用，降息并未帮助企业获得贷款。

　　信心不足。作为消费者，影响你是否借钱购买豪车的因素有很多种。如果利率较低，借贷成本下降，你就有激励借入资金。但在经济严重衰退时，银行倒闭、失业率上升，大多数消费者并不愿意冒险——哪怕利率很低。事实上，在经济衰退期间，储蓄率会上升，因为人们会努力还清债务，而不会增加借款。

　　全球经济衰退。2009年，全球出口量

出现下滑。不仅国内需求下降，国外需求也同样下降。2009年，英国不仅下调了利率，还让英镑贬值25%——但这两项举措都不足以让经济在短期内克服衰退。

财政紧缩政策。 在欧洲，欧元区的多重问题导致债券收益率上升，各国试图通过"紧缩"（austerity）计划来削减预算赤字。这样一来，尽管利率下调是为了刺激需求，但政府支出的下降又抑制了需求。

简而言之，如果经济疲软、金融部门羸弱，低利率便无法提振需求、促进经济增长。

量化宽松政策

2009年之前，听说过量化宽松（*quantitative easing*）的人寥寥无几，提及量化宽松的经济学教科书也不多。然而到了2009年，经济危机使得各国央行不得不考虑"非常规"的政策。量化宽松似乎颠覆了所有旧的确定性——尤其是"永不印钞"的观点。

首先，中央银行创造了货币。央行并没有实际印制钞票，而是更改电子记录，增加了其拥有的货币数量。这好比你在银行存了10000英镑，能够神奇地把10000英镑改成20000英镑。要真是这样就好了！

而现在，中央银行用这笔新创造的资金购买了资产，尤其是政府债券和公司债券。由于大规模购买债券，债券价格上涨，收益率下降（参见第八章）。

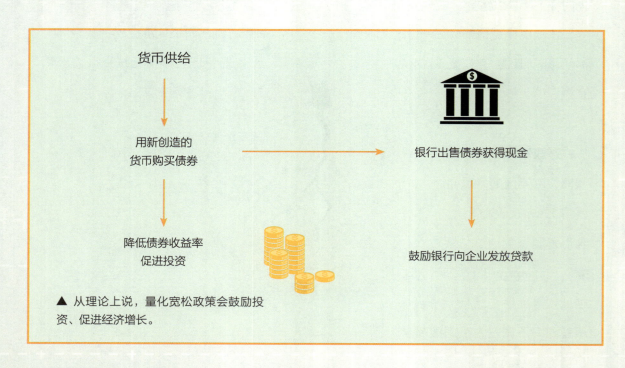

▲ 从理论上说，量化宽松政策会鼓励投资、促进经济增长。

量化宽松政策的目的是：

增加货币供给。 从银行购买债券，会增加银行的流动性（银行拥有的现金数额）。人们希望看到，银行更愿意向企业和消费者发放贷款。

降低市场利率。 购买债券会降低债券的收益率和一般利率。人们希望看到，公司债券利率降低能够促进企业投资，因为借贷成本下降了。

量化宽松政策是否起到了作用？

货币基础增长了4倍，用于衡量通货膨胀的消费者物价指数（CPI）仍然很低。总的来说，很难评价量化宽松政策是否成功。乐观一点说，如果没有量化宽松政策，经济衰退可能会更严重、更持久。但量化宽松的效果是有限的，因为尽管银行的流动性增加，但由于经济前景不佳，银行仍然不愿意向企业发放贷款。降低利率也没有什么明显的帮助——问题不在于

借贷成本，而在于整体经济环境。如果企业未来盈利的前景黯淡，那么，借款给企业便毫无意义。

量化宽松政策的副作用

政府发现，由于量化宽松政策，借款筹集资金更容易了。通常，政府要依靠私人部门来购买债券，但量化宽松意味着，中央银行可以用创造货币来购买债券。较

低的利率使得英美等国政府能够以低廉的成本借入资金。

然而，有赢家就有输家。量化宽松政策的最大赢家，是能够出售债券、资产升值的金融机构。输家是依赖债券利息的人。此外，对于金融市场之外的整体经济，量化宽松政策的影响是有限的。

对通货膨胀的影响如何呢？一些分析师预测，量化宽松政策会引起通货膨胀，

因为货币供给的增加对通货膨胀有影响。但是，在量化宽松时期，通货膨胀率下降了。货币供给的增加并未导致银行贷款和支出的增长，经济仍然处于低迷状态，部分原因是"流动性陷阱"（liquidity trap）。在这种情况下，增加货币供给对通货膨胀的影响不大。

量化宽松的更佳形式

不少经济学家认为，过去各种形式的量化宽松并不完美。与其购买债券政策，更有效的政策应该是直接"用直升机撒钱"（参见第218页）给消费者和企业。

直升机撒钱

孩提时代，肯定有人告诉你"钱不是天上掉下来的"。但是，你的父母是否告诉过你，有一种经济政策是印制钞票然后把钞票从天上扔下来的呢？

"直升机撒钱"（helicopter money，也作helicopter drop——译者注）即中央银行印制钞票并把钞票直接发给个人。乍一看，这似乎打破了所有的道德法则和经济规律，但人们认为，这能解决通货紧缩、高失业率和经济负增长的问题。有时，此举被称作"全民量化宽松"，因为新的资金不仅会流向出售债券给中央银行的银行，还会流向所有人。

从某种意义上说，"直升机撒钱"与量化宽松相似，但这会漏掉银行，因为银行会把钱直接囤积起来；如果直接把钱交给普通市民，他们至少会花掉其中的一部分。"直升机撒钱"这一概念的流行，要归功于米尔顿·弗里德曼（Milton Fried-man）1969年发表的论文《最优货币数

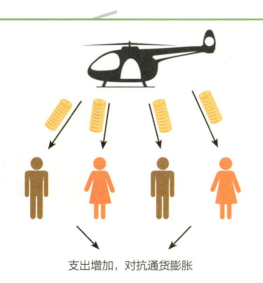

支出增加，对抗通货膨胀

▶ "直升机撒钱"即把钞票直接发给个人，从而鼓励支出、促进经济增长。

量》（*The Optimum Quantity of Money*）。近年来，2004—2016年担任美联储主席的本·伯南克（Ben Bernanke）也采纳了这一概念。

假设由于通货紧缩导致支出不振，"直升机撒钱"会让支出一定程度增加，使通货紧缩转变为适度的通货膨胀，促进经济增长。即使通货膨胀超调（overshoot，即超过长期稳定值）也不要紧，因为央行知道如何降低通货膨胀（例如，提高利率）。

> "我认为，直升机撒钱的想法是赤裸裸的毁灭。这不过是货币政策破产的宣言罢了。"
> ——奥托马·伊辛（Otmar Issing），
> 欧洲央行首席经济学家，2016年

"直升机撒钱"为何备受争议？

一些经济学家担心，印钞并把钞票送出去，会导致人们对货币失去信心，导致未来出现通货膨胀。此外，还存在一个道德问题——印钞并把钞票送出去的想法，无异于享乐主义。直升机撒钱的重点在于，它只适用于通货紧缩的特殊经济环境。如果在正常的经济环境下印钞并把钞票送出去，必然会造成通货膨胀和经济动荡。不过，若经济遭遇严重的通货紧缩，那么直升机撒钱是帮助经济体克服衰退最有效的政策。

案例研究——日本

在20世纪90年代、21世纪前20年，日本都在通货紧缩中度过。日本央行已经考虑把直升机撒钱作为克服本国通货紧缩压力的重要举措。不过，日本政府虽有克服通货紧缩之意，但日本央行一直不愿着手采用"直升机撒钱"。

由于现实世界中并没有成功的例子，直升机撒钱仍然是个理论上的猜想。借鉴在世界其他地方取得成功的政策并不难，但要第一个尝试未经试验的政策，就不那么容易了。

财政政策

　　财政政策是指调整税收和政府支出水平，由此影响经济增长率。从理论上讲，财政政策可能是克服经济衰退和高失业率的有效工具。不过，批评人士认为财政政策是无效的，它只是增加政府支出的借口。

经济衰退期间，政府借款如何发挥作用？

　　经济衰退期间，人们会看到储蓄快速增长。与之对应的是，私人部门的支出和投资下降，导致经济负增长。为了解决失业问题，传统的应对措施是降低工资，使企业能够雇得起劳动力。但是，一旦削减工资，工人手中的资金就会减少，导致需

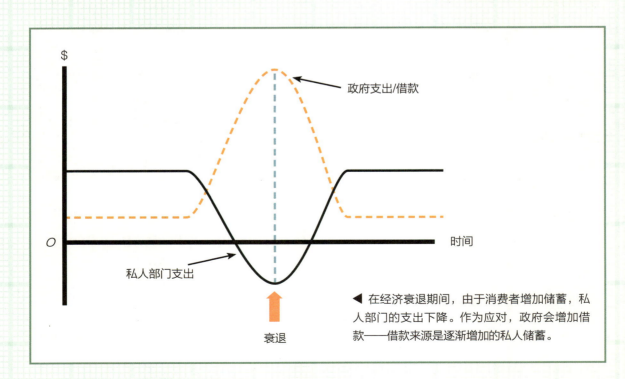

▲ 在经济衰退期间，由于消费者增加储蓄，私人部门的支出下降。作为应对，政府会增加借款——借款来源是逐渐增加的私人储蓄。

求进一步下降。

约翰·梅纳德·凯恩斯认为，在大规模失业的时期，闲置的储蓄要经过很长时间才会被动用——这些储蓄无异于资源的浪费。凯恩斯认为，政府可以向私人部门借款，把这些闲置资金注入到经济体中，加速经济的复苏。

政府支出会创造就业机会，增加整体支出。这会产生正向的乘数效应，帮助经济走出衰退局面。在经济衰退期间，由于储蓄上升，政府很容易借到钱。

换言之，政府债务的增加对应着私人部门债务的减少。

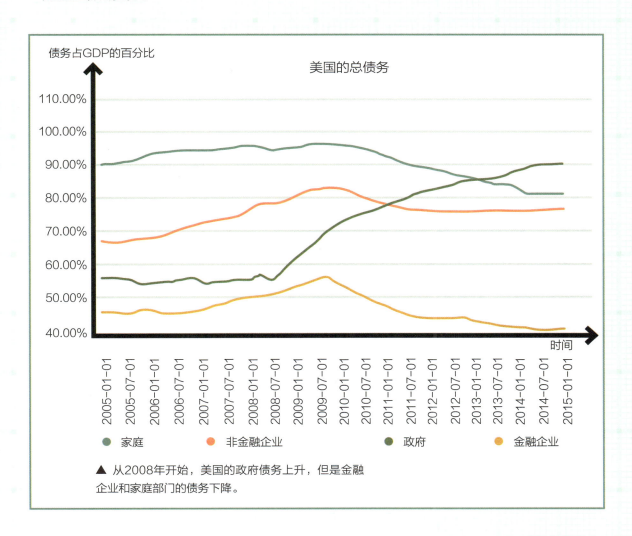

▲ 从2008年开始，美国的政府债务上升，但是金融企业和家庭部门的债务下降。

经济繁荣时期的财政政策

经济增长、失业率降低时，政府可以削减预算赤字，甚至实现预算盈余。如果通货膨胀失控，税收的增加会减少过度支出，同样能导致预算盈余。凯恩斯主义的财政政策并不是扩大政府（a bigger government，即政府对市场的干预加强。——译者注），而是政府在衰退时要有通过借款来刺激经济的意愿。大萧条为凯恩斯的新经济理论提供了令人信服的案例研究——市场似乎未能自我纠正，不少西方经济体的衰退、大规模失业持续了数年。

▲ 财政政策的重中之重，是在大萧条期间帮助失业者重新就业。

凯恩斯的主张

凯恩斯试图用新颖的想法来挑战正统的经济理论，这从一则轶事可见一斑。在经济大萧条时期的一家餐馆里，凯恩斯注意到一些服务员无所事事，他于是把餐巾扔到地上，让服务员捡起来。凯恩斯认为，此举的目的是让服务员就业，而就业正是大萧条时期最重要的目标。

凯恩斯认为，政府应该让失业者在地上挖洞，再把这个洞填满。当凯恩斯提到这一观点时，采访他的人说："雇人去建医院不是更好吗？"凯恩斯回答道："太棒了，建医院！不过重点是让资源不被使用的情况画上句号。不管是挖洞还是建医院，都没关系。只要雇用失业者去做事就行。"凯恩斯希望人们提议修建医院，表达对刺激经济的支持。对他而言，提供额外的需求是关键。

对财政政策的批评

- 货币政策通常受到青睐，因为它避免了"在何处花钱"和"在何处税减"的政治决策。

- 扩张性的财政政策会导致低效的政府支出，因为要给几十亿美元的投资找到合适的方案并不容易。

- 有人认为，凯恩斯主义总是会引起政府支出的增加。增加公共部门的支出十分容易，然而一旦启动，削减起来就十分困难。

- 对经济体进行微调十分困难。财政政策需要时间才能起效，而且很难预料经济体未来会发生什么。

- 有人说，财政政策好比驾驶汽车，但在这辆车上，你只能从模糊的后窗往外看。不仅如此，从转动方向盘到汽车改变方向会有一个延迟。

  这便是财政政策。你必须查阅过去的经济数据，据此猜测方向。要影响总需求，可能会有一年或更长时间的延迟——因此，很容易做出错误的决定。

▲ 约翰·梅纳德·凯恩斯是20世纪最具影响力的经济学家，他提出的需求管理的新理论给经济学带来了变革。

凯恩斯主义的复兴

20世纪七八十年代，由于一段时间的滞胀（stagflation），凯恩斯主义的需求管理理论在很大程度上遭到了抛弃。然而，2008—2009年的经济衰退，重燃了人们对凯恩斯主义财政政策的兴趣，原因有：

- 美国、英国和日本的政府借款水平较高，但利率却较低。

- 在解决深度经济衰退方面，货币政策似乎无效。许多经济学家认为，要使货币政策起效，还需要扩张性的财政政策。

挤出

若政府借款增加导致公共部门支出增加，私营部门支出减少，就出现了挤出（crowding out）。换句话说，政府借款的增加并未增加总需求。

假设投资者面临购买公司债券（借款给私人部门）还是购买政府债券（借款给政府）的抉择。政府如果增加借款，就相当于拿走了私人部门的储蓄和投资。这样一来，尽管政府投资增加，但私人部门支出会相应下降，总需求保持不变。

批评者认为，政府支出往往会造成低效和浪费。扩张性的财政政策只是把资源从效率较高的私营部门转移到了效率较低的公共部门。

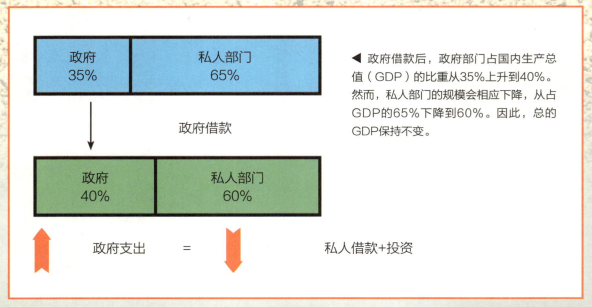

▼ 政府借款后，政府部门占国内生产总值（GDP）的比重从35%上升到40%。然而，私人部门的规模会相应下降，从占GDP的65%下降到60%。因此，总的GDP保持不变。

利率上升

政府借款增加导致利率上升，也会导致对私营部门的挤出。如果政府需要出售更多债券，为了鼓励人们购买，可能需要提高债券的收益率。然而，利率的普遍上涨会抑制私人部门的投资。

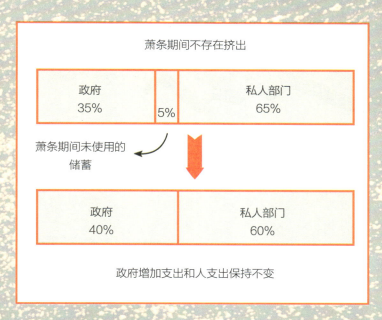

萧条期间不存在挤出

政府 35%	5%	私人部门 65%

萧条期间未使用的储蓄

政府 40%	私人部门 60%

政府增加支出和人支出保持不变

▲ 在这个例子里，存在未使用的储蓄，因此借款不会造成挤出。

挤出不成立

虽然挤出发生在正常的经济增长时期，但我们通常看到的是，过量未使用的储蓄出现在经济深度衰退之时，而政府的借款会使原本闲置的储蓄得到利用。

美国的储蓄率

经济衰退时，投资者并不希望冒险投资私营部门。因此，人们购买政府债券时，并没有减少私人投资。

此外，政府借款增加也不一定会引起利率上升。2000—2016年，美国国债的规模大幅增加，与此同时，利率却在下滑，原因是储蓄过剩。换句话说，政府借款的增加与较低的利率可以并存，此时不会产生挤出。

紧缩政策

紧缩政策（*austerity*）是指在低增长时期削减政府借贷（通过降低政府开支、增加税收）的政策。2010—2012年欧元区债务危机过后，欧元区减少政府借贷所做的努力，就与紧缩政策密切相关。

希腊的悲剧

2008年，希腊已经债台高筑。由于出口商品缺乏竞争力，希腊的经常账户存在巨额赤字，希腊经济处在艰难挣扎中。全球经济衰退导致希腊的债务进一步上升，经济增长下滑。危机爆发前，希腊的债券收益率较低（人们认为，有欧元存在，欧元区的一切债务都安全无虞）。但债务危机初期，投资者意识到：希腊缺乏有效且有意愿的最后贷款人。债券市场担心，希腊会拖欠债务，并且面临削减公共支出的巨大压力。

为了应对这种情况，希腊政府实行了

▲ 希腊的财政紧缩造成了经济严重衰退、大规模失业以及普遍的经济困顿。

紧缩政策，试图维持基本预算盈余（见词汇表）。紧缩政策包括大幅度削减政府支出、增加税收。然而，紧缩政策导致了更深层次的衰退，随着支出下降，失业率上升到25%。

尽管希腊实施了财政紧缩政策，但在

刺激需求方面却无计可施。由于无法让货币贬值，希腊的出口商品缺乏竞争力。而欧洲央行（European Central Bank, ECB）的货币政策是为整个欧元区制定的，并不只是为了希腊的利益。欧洲央行并不想推行量化宽松政策，因此，其货币政策相对偏紧。严重的经济衰退还导致税收进一步下降——没有收入的人士不用缴纳所得税；因此，尽管财政上紧缩，希腊政府的借贷仍在持续上升。此外，由于国内生产总值（GDP）急剧下滑，债务占GDP的比率迅速上升。换言之，紧缩政策无异于作茧自缚——尽管希腊采取了削减开支、提高税收的措施，其债务占GDP的比重依旧持续上升。

债务占GDP比率的上升，产生了加大紧缩的压力。希腊的很多债务由希腊以外的欧洲银行持有。有人提议，应该允许希腊对无力偿还的债务违约。然而，欧洲的

▲ 金融危机爆发前，希腊的债务占GDP的比率已经达到100%。2016年，希腊的债务占GDP的比率上升到了177%，而欧元区债务占GDP的比率平均为92%，希腊是其两倍。

纳税人和欧洲银行并不希望希腊违约，因为违约被认为是"奖赏不负责任的借贷"或道德风险（参见词汇表）。虽然各方同意救助，但救助的主要目的是让希腊能够偿还债务利息。

从长远来看，大规模的违约、程度较轻的紧缩，会给债券持有者带来更高的回报。希腊的经验告诉我们，严苛的紧缩可能会弄巧成拙；应该优先考虑经济增长，

因为这能增加税收，而一个强大的经济体，更有能力偿还债务。

紧缩政策在政治上的吸引力

虽然凯恩斯主义的需求管理有坚实的经济基础，但紧缩政策在政治上往往更具吸引力，尤其是紧缩可以与家庭理财作比。正如在查尔斯·狄更斯（Charles Dickens）所著的《大卫·科波菲尔》（*David Copperfield*，1949）一书中，米考伯先生所说："年收入20英镑，年支出19英镑19先令6便士，结局是幸福。年收入20英镑，年支出20英镑6便士，结局是痛苦。"

这总结了人们对负债的道德感。在很多国家，负债被视作是道德污点，而政府债务的增加，通常会成为一种政治负担。要解释"经济衰退期间，政府债务是对闲置储蓄的利用"并不容易。由于私人部门储蓄的增长对应着政府借款的增加，经济的总体债务负担可能保持不变。虽然人们相信自己，会把申请的抵押贷款或公司贷款用来投资，但却不太相信政府能够有效地使用借款。

成功减少预算赤字

2008—2015年欧元区经济下滑的例子表明，减少预算赤字是个巨大的挑战。不过，这并不意味着，减少预算赤字总是会引起经济萧条。在降低政府的借贷水平的同时保持经济高速增长，是有可能的。

20世纪90年代中期，加拿大经历了1991年经济衰退之后的政府借贷高企。到1995年，预算赤字占加拿大GDP的6%，而1995—1996年，净公共债务占到了GDP的104%。这导致加拿大失去了AAA级的信用评级——这对任何国家都是个沉重的打击。

不过，加拿大有强烈的政治意愿来削减预算赤字。加拿大政府削减了公共开支，增加了税收。到1996年，预算赤字已从GDP的6%，下降到了预算平衡的水平。1999—2000年，净债务占GDP的比重从104%下降到了80%。与欧元区的紧缩政策不同的是，这些削减支出的措施，是在加拿大经济十年增长、失业率下降的背景下实现的。为何加拿大获得了成功，而希腊和西班牙的失业率却高达25%呢？

首先，加拿大的利率从1995年的8%下降到了1997年的3%。削减支出虽然会导致总需求下降，但降低利率可以维持总需求，二者相抵。其次，加元贬值使加拿大从中受益。1991年，1加元可以兑换0.89美元；到1995年，1加元兑换0.71美元；到1998年，下降到1加元兑换0.65美元。加元贬值，加上美国经济的繁荣和北美自由贸易协议生效，促进了加拿大产品的出口。

货币的宽松政策与货币贬值的结合，缓解了政府削减支出对经济的影响。加拿大的经验表明，政府可以削减预算赤字和公共部门支出，而不会导致经济衰退或失业率的提高。经济体某一部分（政府部门）的需求减少时，如果能（通过货币政策和出口）增加另一部分（私营部门）的需求，是十分有益的。

欧元区面临的问题是：宏观经济政策受到单一货币结构的制约。与加拿大不同，希腊无法让货币贬值。此外，与加拿大不同的是，希腊无法自主推行扩张性的货币政策。

▼ 政府削减支出会导致需求下降，但这可通过降低利率、更廉价的出口商品来平衡，使总需求保持不变。

政府支持

降低利率
出口品更廉价
信心恢复

独立的中央银行

应该由谁来掌管经济？是知识欠缺的政客，还是非民选的央行行长？近年来，大多数国家都让独立的中央银行代为执行货币政策。这意味着，重大经济决策是由非民选的专家做出的。

中央银行独立之争

政客制定的货币政策，通常会带来政治驱动的经济周期。例如，在选举的前一年，他们会给出降低利率的诱惑。这让人们认为自己更富有，花更多的钱；同时，经济增长加快，失业率下降。这样，执政党就会处于更有利的地位，从而赢得选举。

但在选举后，利率下调会导致通货膨胀过高，政府只得通过加息来降低通胀，由此导致经济繁荣和萧条的循环。英国就曾经历了经济繁荣和萧条的周期，这也是促成英格兰银行（Bank of England）在1997年成为独立机构的原因之一。

独立的中央银行

理论认为，由于独立的中央银行行长

3%的通货膨胀

银行提高利率，把通货膨胀维持在2%的目标上

政客们组织下一年的选举

为获得短期经济增长，降低利率

▲ 政客们的行为可能与央行行长不同。政客们有降低利率、提高受欢迎程度的诱惑。

并非民选，他们无须面临选举前降息的政治压力。如果央行行长有通货膨胀目标，他们也情愿保持高利率——即使高利率在政治上并不受欢迎。

1913年，美联储获得了独立制定美国

货币政策的权力。美联储的权力是不经选举而拥有的，这招致了一些人的批评和愤恨。但实际上，美联储受美国国会的监督和审查。20世纪90年代和21世纪初，在经济条件相对平和的情况下，人们普遍认为独立的中央银行表现良好。由于美国经济的强势，1987—2006年连续担任美联储主席一职的格林斯潘（Alan Greenspan）得到了人们的正面评价。

"如果你想用简单的模型来预测美国未来几年的失业率，那就是：格林斯潘希望的失业率增减一个随机误差，而这个误差反映了格林斯潘不是上帝的事实。"

——美国经济学家保罗·克鲁格曼（Paul Krugman），1997年

对中央银行家们的批评

然而，自2007年的重大金融危机以来，人们对中央银行行长们的批评声不绝于耳。人们批评美联储放任房地产泡沫和信贷泡沫持续数年，最终导致了2008年的状况。但要为美联储辩白的是，在利率方面，它能做的也只有这些了。引发信贷危机的因素很多，远不是利率太低能造成的。

近年来，美联储扩大资产负债表（增加基础货币）的政策，遭到了厌恶"宽松货币"的人士的质疑。尽管美联储具有独立性，但它无法完全摆脱政治，因为其政策能够左右总统的成败。可以说，美联储主席比美国总统拥有更大的经济势力。

相比之下，欧洲央行因为对低通胀目标有执念而招致了批评。在经济衰退期间，有比低通胀更重要的经济目标，如经济复苏、减少失业率等。

虽然人们对独立央行和央行行长提出了各种批评，但在可预见的未来，由政客来制定货币政策是不太现实的。央行行长固然有局限性，但政客可能更甚！

经济预测

有个时常被提起的笑话——为了不让气象预报员难堪，上帝创造了经济预测师。近年来，技术的进步让天气预报员提高了预测准确度，但经济预测仍旧徒劳无功。说经济预测师可以胡乱假设而不担责任，是有充分理由的！不过，尽管经济预测是个棘手的工作，预测未来经济趋势的需要仍然存在。

经济预测为何如此困难？

数不清的变量。人们试图建立模型来研究高利率对消费者行为、商业投资的影响。但是，任何事件都不是孤立发生的，除了高利率之外，影响消费者行为的因素还有很多。

数据质量不佳。政府提供了重要的统计数据，如实际GDP。但是，这些数据通常是根据不完整的统计数字得到的。例如，企业需要花时间把收入、产出数据报送给相关部门，因此，最初的实际GDP数据通常要进行后续修正。如果不了解目前的经济形势，就很难预测未来会发生什么。例如，英国经济在2008年8月进入了衰退，但官方统计数据到2009年才显示出来。

确认偏误（confirmation bias）。与普通人一样，经济预测师也会受到确认偏误的影响。如果你讨厌印钞理论，

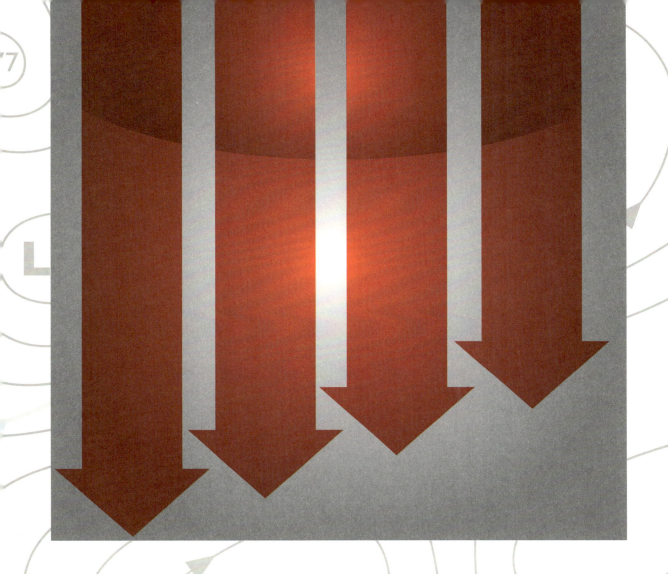

那么央行增加货币供给时，你更容易做出通货膨胀的预测。很多人一直预测美国会出现通货膨胀，但迄今为止通货膨胀都未出现——然而，对通货膨胀的预测仍在继续。某一年，我们肯定会看到美国出现通货膨胀，但谚语有云："即使是停摆的时钟，一天也能蒙准两次。"

为何经济学家没能预测到全球信贷紧缩和衰退？

2000—2007年，全球通货膨胀率普遍偏低，全球经济高速增长。我们似乎打破了过去那种繁荣和萧条的循环，得到了通货膨胀低增长、公共部门债务下降的"圣杯"。许多人把这一时期称为"大稳定期"（the great stabilization，学术界称为the great moderation——译者注）。但事实证明，表象是具有欺骗性的。

经济学家大多忽视了金融业的影响和不良贷款的可能性。在很大程度上，信贷紧缩是出人意料的，因为抵押贷款违约的规模之大，可谓前所未有。系统中不良贷款的规模并不易察觉。经济学家倾向于把重点放在引人注目的经济统计指标上，如通货膨胀、经济增长和货币。与吸引眼球的统计数据不同，银行业不良贷款的数量并未引起人们的注意。当然，银行也并不热衷于宣传它们的账面上有多少次级抵押贷款。

预警信号是存在的，例如被高估的房价。但即使是美联储主席格林斯潘也没有在意，鉴于他的不俗的履历，许多人乐于保持乐观的态度。

一切经济预测皆无用？

人们很容易认为，一切经济预测都是无用功。这也是不对的。经济预测虽不能万无一失，但也是有用的。

预测未来五年的经济增长和通货膨胀，与瞎猜无益。但是，建立模型来考察结构变化对经济的影响，可能是有效的。

例如，如果英国"脱欧"导致其脱离欧洲单一市场（European Single Market），关税提高3%，我们可以合理预测此举对出口、经济增长的影响。然而，要准确预测英国"脱欧"对消费者信心的影响并不容易，因为消费者行为比较难建模。

同样，如果一国依赖于石油，我们就能有效预测石油价格下跌对该国经济的影响。如果该国依赖石油出口，那么石油价格下降50%将对经济产生非常明显的影响。因此，对于依赖石油的国家，明智的做法是：省下出售石油的资金，着眼未来，让经济多样化。

幸福经济学

幸福经济学（*Happiness Economics*）关注的是福利、满足感和总体幸福的最大化，并把这些目标摆在其他传统的经济目标（如降低通货膨胀率、提高*GDP*等）之前。传统经济学通常假设，经济学的目标是增加财富、收入和利润。然而很多人认为，这会导致社会令人不满，引发各种社会问题。

金钱不能买到幸福

2016年，美国经通胀调整后的实际国内生产总值（**GDP**）为167.32亿美元；而1947年，这一数字是19.32亿美元。第二次世界大战以来，美国的实际GDP增长了8倍之多，但美国公民是否更幸福了呢？

伊斯特林悖论（**Easterlin paradox**）指出，尽管实际收入增加，幸福指标也通常保持不变。问题是，经济增长和实际产出的上升会带来诸多挑战，如拥堵加剧、住房成本更难负担、污染增加、犯罪率攀升、不平等加剧、压力增大等。中国近期的经济增长就是一个很好的例子——中国的年均增长率接近10%，但污染、拥堵、谋求财富的压力增大等问题，也变多了。

GDP的增长会提升幸福感吗？

- ▲ 污染增加
- ▲ 拥堵加剧
- ▲ 犯罪增加

- ▲ 更多的资金投入教育与医疗
- ▲ 工资增长
- ▲ 投资增加

▲ 1957—2005年，美国的平均收入几乎翻了3倍。然而，人们自评的幸福水平仍然保持不变。换句话说，收入虽然增长，但认为自己"非常幸福"的人，并未因此增加。

财富的边际效用递减

在人均GDP水平较低的情况下，经济增长会对人们满意度的提高产生重大影响。克服实实在在的贫困，会使人们的生活水平大大提高——GDP的增长，能使充足的食物、住房和教育成为现实。说GDP与幸福之间没有关联，是大错特错的。

但是，到某个时点，财富的边际效用开始下降。在美国，实际收入的增长让人们可以拥有两辆家用轿车，而不是一辆。但是，拥有更多的汽车对满意度的提升就十分有限了。从理论上讲，收入增加应该让人们享受更多的闲暇时间，过上压力较小的生活。然而，最近几十年的经济增长导致工作时间和工作压力双双增加，人们通常要非常努力，才能实现上述目标。

"如今，'工作狂型富人'取代了'游手好闲型富人'。"罗伯特·斯基德尔斯基（Robert Skidelsky）和爱德华·斯基德尔斯基（Edward Skidelsky）在2012年出版的《多少钱才够？对金钱的爱恋和美好生活的理由》（*How Much Is Enough? The Love of Money and the Case for the Good Life*，中文版译作《金钱与好的生活》）一书中如是说。

这正是幸福经济学能够派上用场、安排各种决策的优先顺序的地方。一个追求幸福最大化的社会，会限制工作日的平均工时，腾出更多时间进行休闲活动，只要我们接受以GDP降低作为交换。

衡量幸福

衡量幸福的一个挑战是：幸福是非常主观的感受。有些人并不喜欢更多的闲暇时间，反而会怀念每周45小时工作制。政府可以开展调查，度量预期寿命、教育年限和环境质量等指标。但是，幸福经济学并不是一门精确的科学。幸福是一整套因素的函数，如政治自由、国家认同和各种关系的质量——所有这些因素，都不属于传统经济学的范畴。幸福经济学的重要贡献在于，它强调生活水平不仅仅取决于易于衡量的经济统计数据。

CHAPTER 8 第八章

FINANCIAL ECONOMICS 金融经济学

货币——功能与用途

货币本质上是一种交换媒介，它是人们愿意接受并用来支付商品和服务的东西。如果人们把货币作为交换媒介，货币还会有别的用途。

"货币集四种职能于一身，即媒介、尺度、标准、储藏。"

这句话给出了货币的四个职能：

- 交换媒介（medium of exchange）——用货币购买商品。

- 价值尺度（measure of value）——商品可以用货币来计价。

- 延期支付的标准（standard of deferred payment）——例如，住房抵押贷款的月供为500美元。

- 价值储藏或财富（store of value or wealth）——可以将钱存入银行，以便在需要时支取。

原始经济体不需要货币。猎人会捕获猎物，用一头羊来换一张牛皮。通常情况下，以物易物并不存在，社群会把物品分配给有需要的人，以期在需要时获得回报。

随着经济的发展，人们开始与其他社群进行交易。随着商品的日益多样化，某些金属成为支付各类商品的便捷方式。贵金属是一种商品货币，因为它具有内在价值。如果把一枚金币一分为二，每块的价值就会减半。事实上，在中世纪，为了确保他人不把金币的边缘切下来赚取额外的钱，人们会在付款时使用天平来称量。

货币和银行业的发展

随着经济的发展，随身携带成堆的金

币变得越来越困难。为此，商人和银行发行了本票（promissory notes）或纸币。在十字军东征期间，携带足够的黄金给军队发军饷是后勤面临的一项挑战。正是在这一时期，圣殿骑士团发展出了一套银行体系。为了替换黄金，他们发行了担保支票，在圣殿骑士团有影响力的其他国家都可以兑换成黄金。

随着时间的推移，央行开始发行纸币，并承诺可以兑换成黄金。在实践中，人们对纸币有信心，很少要求兑换成黄金。

金本位

金本位有多种形式，但其原则都是：货币价值与黄金供给挂钩。如果货币能够兑换成黄金，就不太可能因为通货膨胀而损失价值。人们可以印制钞票，但不能印制黄金。在经济大萧条时期，通货紧缩和产量下降促使各国纷纷放弃金本位制，转而使用不可兑换黄金的法定货币（参见第242页）。

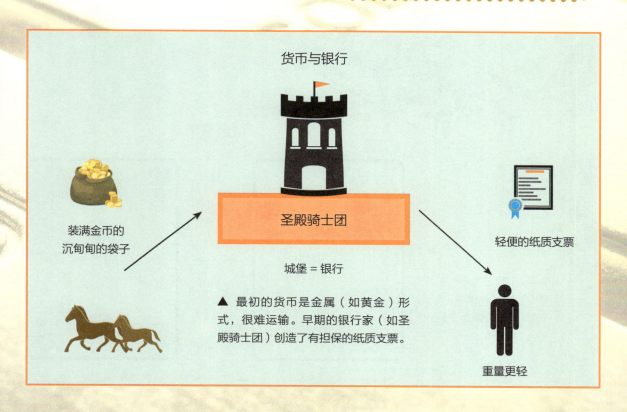

货币与银行

装满金币的沉甸甸的袋子

圣殿骑士团

城堡 = 银行

轻便的纸质支票

重量更轻

▲ 最初的货币是金属（如黄金）形式，很难运输。早期的银行家（如圣殿骑士团）创造了有担保的纸质支票。

法定货币

"法定"（fiat）是个拉丁词，意思是"应如此"（let there be，英文也作let it be done或it shall be——译者注）。法定货币的初衷是：政府和中央银行只用陈述，他们印制的纸币是合法的支付手段。法定货币并无内在价值（这与黄金不同），如果人们对政府法令失去信心，那么货币便没什么用处了。

有了法定货币（再次申明，法定货币与黄金不同），就有了通货膨胀的可能。如果政府印制了更多的法定货币，那么货币供给增加（在正常情况下）就会导致货币价值下降。

法定货币

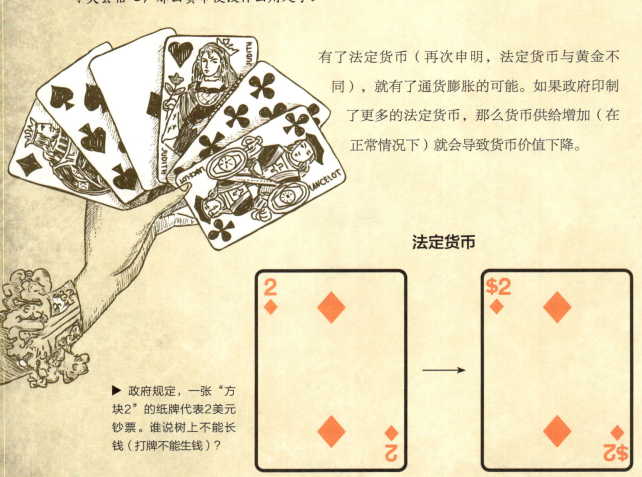

▶ 政府规定，一张"方块2"的纸牌代表2美元钞票。谁说树上不能长钱（打牌不能生钱）？

在17世纪的新法兰西（大部分地区今属加拿大），州长雅克·德·默勒（Jacques de Meulles）发现自己资金短缺。面对一支可能哗变的军队，他创造了一个新颖的解决方法——他收走所有的纸牌，在纸牌上写下一个数额，并署上了名。尽管此举处于特殊目的，这些纸牌却被殖民地广泛接受，成为交换媒介。几年里，人们纷纷用纸牌进行支付，纸牌币替代了"真正的"铸币。

不过，纸牌币的结局并不完满。对英国的七年战争很快导致了通货膨胀。人们囤积黄金，而用纸牌币来付款。1763年，法国政府同意把剩余的纸牌币兑换为债券。但不幸的是，法国政府破产，这些债券也变得一文不值。

监狱里的货币

在监狱里，香烟等商品往往会成为非官方货币。为什么呢？

- 香烟的供给受到每日配给额的限制——通货膨胀的可能性很小。
- 香烟对吸烟者具有内在价值。
- 在大多数人都吸烟的年代，香烟被广泛接受。
- 香烟可以存储起来，而不损失其价值。

比特币——数字货币

人们习惯了受政府管制的法定货币。如果你通过银行转账给他人，那么银行就充当了中间人的角色。银行通过电子系统，借记你的账户，贷记他人的账户。银行体系还要受到中央银行等金融机构的监督。不过我们已经看到，哪怕你身处监狱，也没有什么能够阻挡你创造自己的货币——香烟，你并不需要中介。

数字货币的原理与之类似。数字货币是用户创造的一种货币形式，不受集权机构的监督和管理。最初，比特币系统创造了2100万比特币。这些比特币会被慢慢释放出来。这意味着，比特币的数量是有限的。你可以用现金购买，或通过提供服务来获得比特币；也可以通过解出复杂的数学方程来"挖掘"比特币。接下来，你可以使用比特币，与信任该系统的其他用户进行商品和服务的交易。比特币交易会在开放源代码系统上注册。因此，你为一项服务付款时，你的比特币会从你的账户里取出来，转移给他人。这笔交易会被公开记录，在分类账簿上标记——所有用户都能看到交易情况。

有时，比特币也被称作"点对点系统"（peer-to-peer system），即交易发生在两个个体之间，并无第三方中介介入。不过，每笔交易都由去中心化的用户网络来监督。有人认为，使用比特币就好比用电子邮件来传送金币。另一些人认为，比特币是个高度不稳定的系统，能否长期存续并没有保证。

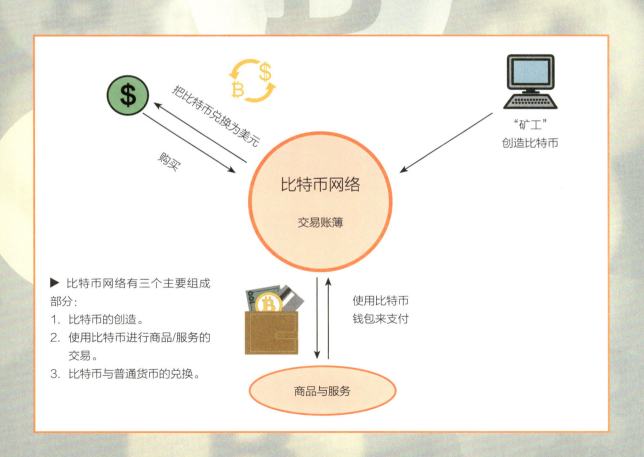

把比特币兑换为美元

购买

比特币网络

交易账簿

"矿工"
创造比特币

使用比特币
钱包来支付

商品与服务

▶ 比特币网络有三个主要组成部分：
1. 比特币的创造。
2. 使用比特币进行商品/服务的交易。
3. 比特币与普通货币的兑换。

债券市场

债券市场是进行债券买卖的金融市场，政府债券市场是最重要的债券市场。债券市场的反应会对经济政策产生重大影响。1993年，美国总统克林顿的顾问詹姆斯·卡维尔（James Carville）表示："我曾想，若有转世轮回，我一定要以总统或教皇的身份转世……而现在，我却想转世到债券市场，因为你可以吓唬任何人。"

如何运作

如果政府支出超过税收收入，就有填补资金缺口的需要。为了筹集资金，政府会出售政府债券（如美国国债），而这些债券由私人部门（个人、养老基金等）购买。假设一名投资者购买了1000美元的政府债券，作为回报，该债券有5%的年利率（十年债券到期时，政府会偿还1000美元）。通过出售债券，政府筹得了资金，投资者则获得了一份安全的投资，以及一个有保障的名义利率。

债券价格与债券收益率

你可以直接向政府购买债券，如果你不想等上十年再收回最初的1000美元，那么债券还有一个二级市场。最初的买家可以把债券卖给其他人，债券的实际利率可能会发生变化。假设我们购买了1000美元的债券，利率为5%，政府每年会支付50美元作为利息。如果该债券很受市场青

债券价值

	每年付息	收益率	年份
1000美元	50美元	5%	2000
1200美元	50美元	4.1%	2001
800美元	50美元	6.2%	2002

债券需求增加

债券需求下降

负向关系

收益

价格

价格

收益

▲ 1000美元的债券每年支付50美元（5%）的利息。如果债券价格上涨到1200美元，实际收益率将降至4.1%。如果债券价格跌至800美元，实际收益率则上升至6.2%。债券价格下跌，有效收益率上升，反之亦然。

睐，更多的投资者想要购买，债券的价格就会上涨。假设债券价格上涨到了1200美元，政府支付的利息仍为50美元，那么实际利率就会变成4.1%。换句话说，随着债券价格的上涨（由于需求增加），债券的收益下降。

人们出售债券会发生什么？

如果政府未来的流动性令投资者感到不安（例如，政府的预算赤字较高），投资者会在债券市场上出售债券。由于债券的供给增加，其价格下降。如果1000美元的债券，其价格跌至500美元，实际利率就会变为50美元/500美元=10%。换句话说，债券价格下跌会导致债券收益率上升。另一种思维方式是：如果人们认为政府债券的风险增加，投资者会要求更高的利率作为补偿。

决定债券收益率的因素

决定债券收益率的因素有很多，大致有以下几种：

债务违约的可能性。 如果投资者认为政府会拖欠债务，他们就会担心失去部分或全部投资。这种担心会使投资者出售债券，导致债券收益率上升。由于某种形式的违约，阿根廷、俄罗斯和希腊等国的债券收益率都曾大幅上升。而美国和英国等无债务违约历史的国家，则因债券收益率相对较低而获益。

通货膨胀。 如果债券利率为5%，通货膨胀率为2%，那么投资者的实际利率为3%，这是个不错的回报率。如果通货膨胀率上升到10%，那么对债券投资者来说，这是个坏消息，因为5%的利率不足以弥补10%的通货膨胀造成的货币贬值。通货膨胀率为10%时，投资者不希望持有利率为5%的债券，而是会出售债券，导致债券价格下跌，收益率上升。通货膨胀被认为是部分违约。政府可以允许一定的通货膨胀，轻松地偿还债务，但这会使投资者未来不太愿意购买债券。

经济增长。 投资者可以选择投资何种证券。如果投资者对经济持乐观态度，他们就会投资股票市场，购买公司债券。股票和公司债券的风险较高，但回报要高于政府债券。经济衰退期间，企业亏损的可能性上升，投资者更青睐安全的政府债券，这导致对政府债券的需求上升，利率下降。

利率。 如果中央银行加息，那么把钱存在银行更有吸引力。如果光靠储蓄就能获得不错的回报率，人们就不需要购买政府债券，因此，债券收益率与商业利率密切相关。2016年，债券收益率非常

低的一个主要原因是，商业利率也非常低。

债券收益率下降的原因

过去十年来，全球债券收益率呈下降趋势。这是因为：

- 全球通胀率下降。
- 经济增长率偏低。
- 全球储蓄过剩。人们有大量的储蓄，但缺乏较好的投资选择，因此，哪怕政府债券利率不高，人们也愿意购买。
- 对低风险资产的需求增加。

- 人口统计特征。越来越多的养老金领取者用储蓄进行投资，导致对债券的需求增加。

- 非常规的货币政策。量化宽松政策是央行通过购买政府债券来创造货币，这进一步压低了利率。

信用评级机构

穆迪（Moody's）和标准普尔（Standard & Poor's，S&P）等评级机构对政府债券（以及公司债券）的信用度进行评级。如果评级机构认为政府或公司不存在违约风险，就会给予AAA评级（穆迪为Aaa，标普为AAA——译者注）。AAA评级认可度高，有助于债券以较低的成本出售。如果信用评级机构对政府的信用度给予负面评价，他们会把评级降低到BBB或CCC。通常认为，BBB或CCC属于"垃圾债券"级别。这意味着，债券有违约的可能。

评级下调是政府债务的负面信号，可能会对政治造成冲击。不过，信用评级机构的效力遭到了人们的质疑。在信贷紧缩之前，很多抵押贷款支持证券（MBS）都获得了AAA评级，但是在信贷紧缩之后，这些债券很快被重新归为"垃圾债券"。这说明，信用评级机构掌握的信息并不比市场多。

▶ 牛市意味着资产价格的上涨。过去三十年里，债券市场一度处于牛市——债券价格不断上涨，利率不断下降。

股票市场

股票市场在经济中扮演着重要角色，它被认为是粗略反映经济状况的晴雨表。

股市的作用

大多数大企业都是公众有限公司（Public Limited Companies，PLC）。这意味着，任何人都可以购买这些企业的股票。购买股票意味着，你会获得股息（企业利润的一部分）。如果企业取得成功，股价上涨，你就会获得资本收益（capital gains）。当然，反之亦然——如果企业破产，你可能会失去一切。与银行存款相比，股票投资的风险更大，但投资回报也更高。

对企业来说，出售股票是筹集资金用来投资的有效途径。与银行贷款不同，企业没有义务马上向投资者支付固定利率，而是可以延迟支付股息，直到企业有一定的盈利。例如，要给欧洲隧道公司这样的长期投资项目融资，企业需要筹集数十亿欧元来支付建设成本等开销。许多购买了股票的投资者知道，未来几年里，他们可能不会有分红。

经济形势如何影响股市？

如果经济经历了低通胀率、高增长率，那么在其他条件不变的情况下，这对股市来说是个利好消息。高增长会提高企业的盈利能力，使企业能够增加分红，吸

▼ 欧洲隧道公司（Eurotunnel）成立于1986年。该公司向股东募集了90亿英镑的资金，用于建造连接英国和法国的隧道。

引更多的投资者，推高股价。在经济衰退时期，利润下降，企业可能会破产。这会减少人们对股票的需求，因为股息和资本价值会下降。然而在现实世界里，股市的行为时常违反人们的直觉：在经济衰退时期，股价会上升；在经济增长时期，股价会下降。

经济衰退期间，为何股价会上涨？

投资者总是有前瞻性的（forward-looking，也译"前向性的"）。如果经济陷入衰退，在预期经济复苏的情况下，投资者会开始购买股票。同样，如果经济运行良好，可能是兑现资本收益的好时机。

2007—2016年，全球经济低速增长。但颇具讽刺意味的是，企业盈利能力却提高了。在此期间，企业一直把工资增长保持在较低水平，使得利润率有了增长，因此，企业的股价也有相对较好的表现。

而2007—2016年，整个全球经济同样经历了低利率，一些政府债券甚至是负利率。鉴于此，投资者对股市寄予期望，希望以股息形式获得更丰厚的利率。投资股市是有风险的，但若政府债券提供的收益

股市上涨是经济成功的标志吗？

巴拉克·奥巴马（Barack Obama）担任美国总统期间（2008—2016年），美国股票市场上涨。但要把股市当作经济成功的标志，必须小心。这段时期股票市场的上扬，至少一部分要归功于全球储蓄过多、量化宽松，以及史无前例、创纪录的低利率期。

不高，冒这个风险是值得的。

股票市场的另一个特点是，价格可以由"市场情绪"（market sentiment）所驱动。市场情绪可以从过度的乐观，变为深深的悲观（参见词汇表）。例如在20世纪末，信息技术产业相关企业的股票出现了非理性繁荣，导致了互联网泡沫（参见第148页，非理性繁荣）。

股市崩盘

一个众所周知的笑话是：过去的五次经济衰退里，股票市场预测对了九次。意思是，股价急速下跌，有时会导致经济衰退；但有时，股价下跌20%也不会导致经济衰退，而是会带来持续的经济增长。股价下跌或许意味着经济体的潜在健康状况恶化，也或许不然！

至少在理论上，股价下跌会对经济造成不利影响。股价下跌导致财富下降，这会减少一定的消费，不过二者的联系相对较弱——投资股市的投资者，通常还有其他形式的储蓄和收入。股价的长期下跌会降低投资信托、养老基金的价值，进而降低退休人员的养老金年金。即便是没有直接投资股市的人士，也会受到养老基金投资股市的影响。此外，股价的急速下跌会降低消费者信心，还可能挫伤商业信

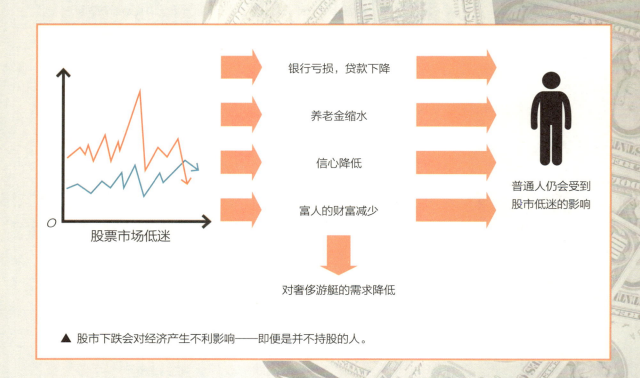

银行亏损，贷款下降

养老金缩水

信心降低

富人的财富减少

股票市场低迷

普通人仍会受到股市低迷的影响

对奢侈游艇的需求降低

▲ 股市下跌会对经济产生不利影响——即便是并不持股的人。

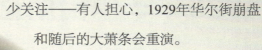

少关注——有人担心，1929年华尔街崩盘和随后的大萧条会重演。

政策制定者对这次暴跌十分谨慎，下调了利率。最终，经济衰退并未出现，股价回升，并且股价的下跌与经济的表现并无关联。这说明，股价的暂时下跌对直接消费的影响十分有限。人们不会依据股价的表现来决定日常开销。这也说明，股市的变化可能受市场情绪变化的影响，而这些变化并不一定与市场的基本面相关。

心。这会导致企业更难在股市上融资，可能导致投资下降。

1987年股市崩盘

1987年10月的"黑色星期一"，是股市并不影响经济的一个好例子，一周内，全球股价下挫了20%。即便是现在，人们仍在争论，究竟是什么原因导致这次暴跌。有人认为，暴跌是不那么明确的"技术因素"造成的。股市崩盘自然引起了不

1929年华尔街崩盘

1929年的华尔街崩盘十分有名——或许应该说是臭名昭著——它是"大萧条"的序幕。

在所谓"咆哮的二十年代"（Roaring Twenties），人们对经济信心满满。人们的生活水平迅速提高，普通工人第一次能买得起汽车了。经济增长至少有一部分要归功于科技和工艺实实在在的改进。然而，经济增长和宽松的货币政策（当时美

国的利率很低）助长了金融市场的非理性繁荣。人们相信，股票市场是一种"单边投注"（one-way bet）——一种稳赢的增加财富的方式。20世纪20年代，股价持续上涨，这促使更多的投资者来碰运气。

投资者开始融资买入股票，简单地说，他们借入资金，购买超过其承受能力的股票。其诀窍是：融资买入，待股价上涨后再卖出，由此带来的资本收益，要高于"常规"的股票买入。1929年，"字面上的百万富翁"，即融资买入股票、经历股价上涨的人，数不胜数。

然而，股价偏离了经济增长和企业的实际利润。到20世纪20年代末，美国经济在农业方面出现了衰退，利润增长远低于股价的增长。一连串企业报告了低于预期的利润。投资者开始认为，这是兑现资本收益的好时机。市场情绪发生了急速转变——之前，人们预计价格会持续上涨，而此刻，每个人都想卖出。股价的下跌，又让其他投资者开始恐慌性抛售。

真正的输家是那些借入资金购买股票的人。股票价值跌破了他们最初的买入价。股价下跌，导致无法还款给债权人的人们破了产。银行开始亏损，并希望收回贷款，但由于股价已经下跌，许多贷款只得被核销。

此次华尔街崩盘对经济造成的破坏，持续了20世纪30年代的大部分时间。

大萧条

大萧条时期，全球性的产出下降、大规模失业可谓前所未有。

即便是1929年华尔街崩盘之前，一些问题的存在，让爵士时代（Jazz Age，大萧条前的十年时间。——译者注）的显著繁荣有了衰落的现象。美国的农业已经处于衰退，在价格低迷、供过于求中苦苦挣扎。

1925年，英国恢复了金本位制度（参见第241页），但货币价值高估。由于出口商品缺乏竞争力、进口商品价格低廉，英国出现了通货紧缩。美国为了应对英国的通货紧缩，采取了宽松的货币政策以降低美元的价值。然而，宽松的货币政策却导致美国出现了信贷泡沫。

华尔街股市暴跌后，股价的下跌导致个人破产、不良贷款增加，致使银行亏损。1929年的金融恐慌也波及到普通公众，甚至影响了并不持有股票的人。银行亏损的消息导致储户排队取出资金。很快，银行资金耗尽，人们排着长队却无法取出存款的场景，可谓典型的"银行挤兑"（run on the banks）。

在20世纪30年代的美国，最后贷款人（一家愿意提供流动性的中央银行）并不存在。结果是，不少本地银行破产，人们失去了储蓄。这加剧了恐慌，进一步使人们对银行业丧失信心。仅1930年，美国就有七百余家银行破产，这导致货币供给、经济活动断崖式下降。

银行倒闭还导致投资枯竭，许多工人遭到解雇。失业率上升导致需求进一步下滑，引发了负面的乘数效应（参见第132页）。

失业率的上升催生了保护主义政策——各国政府为了保住国内的工作岗位，纷纷提高关税。但全球关税的提高导致贸易减少，全球出口下滑，这又加剧了国内需求的下降。

20世纪30年代早期，政府并不愿意对扩大需求进行筹划——当时的正统经济学观点认为：必须平衡预算。为了平衡预算，许多政府在增加税收的同时削减政府开支，但这只会导致需求进一步下降。

20世纪30年代中期，富兰克林·D. 罗斯福（Franklin D. Roosevelt）在任职美国总统期间推行了"新政"（New Deal）。在"新政"的帮助下，美国出现了局部复苏。但直到第二次世界大战爆发后，军费开支的上升才带动了失业率的降低。

▲ 失去信心会导致银行挤兑和破产。

◀ 20世纪20年代，美国的银行贷款达到了97亿美元的峰值。在经济大萧条的银行倒闭潮时期（1929—1933年），贷款急剧下降。

房地产市场

21世纪初，美国和英国的住房市场经历了令人瞩目的繁荣，而后出现了崩盘。住房这样的长期投资，是如何频繁产生与股票、大宗商品相关的投机泡沫的呢？

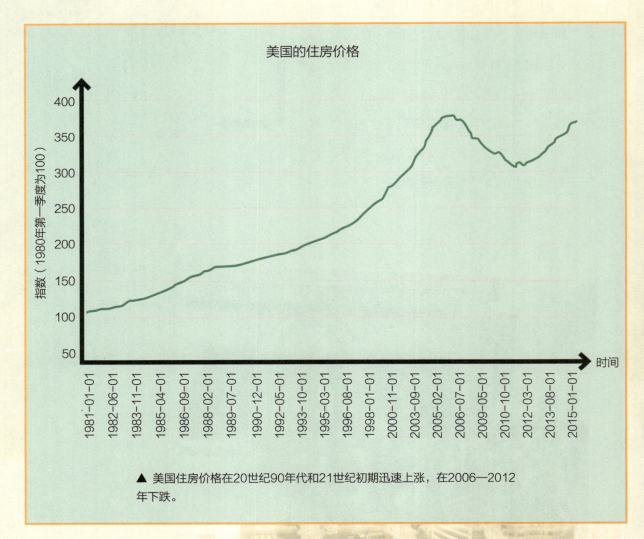

美国的住房价格

▲ 美国住房价格在20世纪90年代和21世纪初期迅速上涨，在2006—2012年下跌。

20世纪八九十年代，不少金融市场纷纷放松管制，银行得以同时涉足存款和投资银行业务。此外，冒高风险以追求利润和增长的文化，也越发流行。

20世纪90年代和21世纪初，强劲的经济、不断增长的收入，都对个人购房起到了刺激作用。经济的强劲增长加上低通胀，营造了一种经济稳定之感。这鼓励银行和金融机构在扩大抵押贷款的范围上发挥创造性。贷款的增加，提高了这些机构的盈利能力。

而此前，银行发放贷款的对象是信用记录良好、有足够收入来源、能够偿还抵押贷款的人士。但在20世纪头十年，抵押贷款公司放宽了标准。通常来说，出售抵押贷款会给抵押贷款的销售人员带来奖金——因此，销售人员没有动力去评估借款人的长期还款能力。

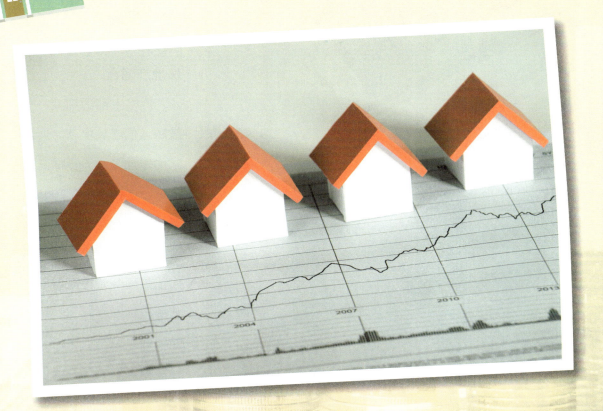

与20世纪80年代相比，20世纪90年代末和21世纪初期的利率水平较低。"9·11"事件后，美国出现了经济波动。作为应对，美联储在2003年把利率降到了1%的历史最低点。借贷成本的低廉，使得买房比租房更具吸引力。而到2006年，利率上调到了5%以上。

房地产崩盘

价格上涨的周期——鼓励人们增加借款，而需求的增加又进一步推高价格——这些现象在2005年戛然而止。首先，美联储因担心经济过热和通货膨胀前景而开始提高利率。从历史标准来看，利率仍然很低，但是很多借款人已经拿出了收入中的很大

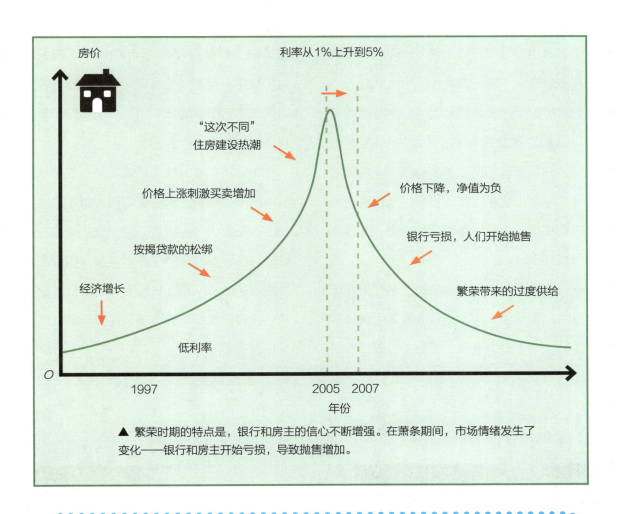

▲ 繁荣时期的特点是，银行和房主的信心不断增强。在萧条期间，市场情绪发生了变化——银行和房主开始亏损，导致抛售增加。

繁荣	萧条
1. 按揭贷款的松绑；	1. 利率上升；
2. 价格上涨鼓励更多的借贷和购买；	2. 价格下跌——人们希望卖出；
3. 住房建设热潮；	3. 银行亏损——惜贷；
4. "这次不同"。	4. 繁荣年份带来的过度供给。

一部分来偿还抵押贷款。哪怕利率小幅上调，也会导致每月支付的利息额大幅增加——这样一来，借款人就无法负担了。

随着抵押贷款期初优惠利率的结束，以及美联储加息导致的抵押贷款利率上涨，利率上升的问题越来越严重。由于经济环境发生变化，银行发现，抵押贷款的违约率迅速上升。银行开始亏损，并以减少贷款来应对。

无力偿还抵押贷款的房主，开始在市场上出售房屋。房屋供给的增加引起房价下跌。由于房价下跌，其他投机者打算趁房价还未进一步下跌，兑现其资本收益。房价的下跌使整个房地产市场的动态发生了变化。抵押贷款公司因为担心违约率增加，不再热衷放贷，而其之前的营销策略，依靠的是房价的上涨。

2005年年底的住房建筑热潮，使房价的下跌雪上加霜。房屋建筑商们留下了成千上万无法出售的房屋。由于普遍的抵押贷款违约，银行收回了许多房屋，但房屋的净值（equity）仍旧为负。随着需求崩溃、待售房屋数量的增加，房价下跌也就不足为奇了。

▼ 利率上升导致抵押贷款违约、房屋净值为负。在房地产市场崩盘期间，许多房主失去了住房。

房价下跌的地理因素

房价下跌的情况在美国各地并不是均匀分布的。跌幅最大的，是经历了房价暴涨、建房热潮的地区，如佛罗里达州。世界各地都出现了繁荣和萧条——西班牙和爱尔兰的房价在经历了类似的繁荣之后，发生了崩盘。英国的房价一度在2008年下跌，但很快恢复，到2016年，英国的房价已经超过了2007年的峰值。这是因为，英国并未出现建房热潮，尽管房价被高估，但住房仍旧短缺。

人们认为，房地产市场不容易（像大宗商品那样）出现崩溃，因为人们总是需要居住场所。事实上，许多资深分析师都对房地产市场的前景表示乐观。到2005年6月，时任美联储主席的格林斯潘对即将来临的房地产业萧条也不其确定："尽管整个国家的房价都出现'泡沫'的可能性不大，但至少，某些地方市场确实出现了过热的迹象。"

事后看来，泡沫是这场不可持续的繁荣的最后一个阶段，全球经济旋即经历了一个痛苦的重新调整过程。

这次（并无）不同

约翰·坦普尔顿（John Templeton）再次言中："投资里最危险的四个字是'这次不同'。"这并不是资产价值第一次出现繁荣与萧条。值得玩味的是人们的心理——虽然房价收入比迅速攀升，人们却对市场过热的潜在预警信号视而不见。

信贷紧缩

2007—2008年的信贷紧缩引发了一连串事件，导致金融体系资金短缺，银行缺乏流动性，有的甚至破产。信贷紧缩对金融市场和全球经济造成了实实在在的冲击。信贷紧缩的原因与房地产业繁荣、抵押贷款公司的行为密切相关。

抵押贷款公司为了增发抵押贷款、提高盈利能力，从银行借入了资金。为此，他们创造了被称作"担保债务凭证"（Collateralized Debt Obligation，CDO）的复杂金融工具，其本质是"打包的抵押贷款"（mortgage bundles）。CDO的销售额从2003年的300亿美元，上升到了2006年的2250亿美元。

世界各地的银行纷纷购买打包的抵押贷款，实际上是把资金借给了美国的抵押贷款公司。这些银行认为，他们购买的是有利可图的投资品，却没有意识到，这些打包的抵押贷款与高风险的次级贷款紧密相关。

等到美国房地产市场崩溃，人们无法偿还抵押贷款，抵押贷款公司便出现了亏损。从理论上说，问题应该到此结束，然而，世界各地"信誉良好"的银行，都高度暴露在美国抵押贷款行业的风险中。这些银行把资金间接借给了美国的次级抵押

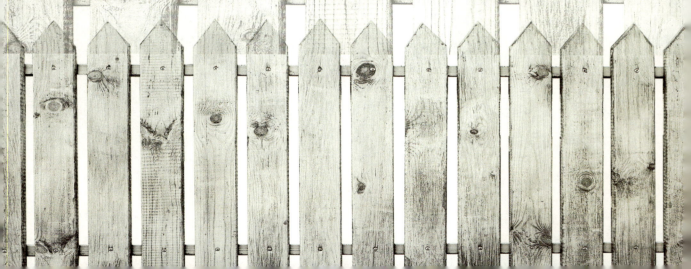

贷款行业。美国抵押贷款的违约直接影响到了欧洲的银行（一般来说，这些银行本身的抵押贷款标准更严格），导致这些银行损失惨重。

21世纪初金融体系的另一个特点是：银行在货币市场（见词汇表）上为其贷款融资的情况越来越多。在传统的银行体系下，银行会把一定比例的客户存款借出去。由于管制的放松、对增长的渴望，银行通常会以低利率在货币市场上借入短期贷款。换句话说，银行为了借出资金而从其他金融机构借入资金。这听上去很奇怪，但货币市场（一度）非常稳定，利率很低，此类借款是标准的做法。

然而，随着抵押贷款的违约开始增加，许多金融机构蒙受了损失。银行亏损之后，就需要努力提高流动性（增加持有的现金额），因此，银行会减少贷款、鼓励存款。

依靠从货币市场借款以维持流动性的

美国的抵押贷款公司

次级贷款的客户

借出资金

银行得到CDO
（打包的抵押贷款）

国际银行

◀ 世界各地的银行为美国次级抵押贷款的繁荣间接提供了资金。美国的抵押贷款公司从其他银行借入资金，以便能够发放更多的贷款。

银行突然发现，他们无法获得足够的流动性了——没人愿意借出资金，货币市场实际上在萎缩。

突然间，市场意识到：没有什么投资是安全的，包括存入银行的储蓄。人们不再信任银行，想要取出资金，但是，如果每个人都想同时取钱，银行系统就会难以应付。

这再次唤起了人们对银行挤兑的担忧——而自20世纪30年代以来，挤兑的情况再未出现过。世界各国的政府必须提供保障，承担起最后贷款人的角色。在英国，政府被迫投资500亿英镑进行救助，

雷曼兄弟

雷曼兄弟是美国的一家投资银行，它经历了严重的流动性短缺。2008年10月，雷曼兄弟面临流动性完全枯竭的现实。令人惊讶的是，美联储和政府并未介入，而是直截了当地把此事称为"运气不佳"。雷曼兄弟破产了，投资雷曼兄弟的人们失去了一切。

并且国有化一些重要的商业银行。

信贷紧缩最大的问题是，企业和个人发现，他们很难获得任何形式的贷款。

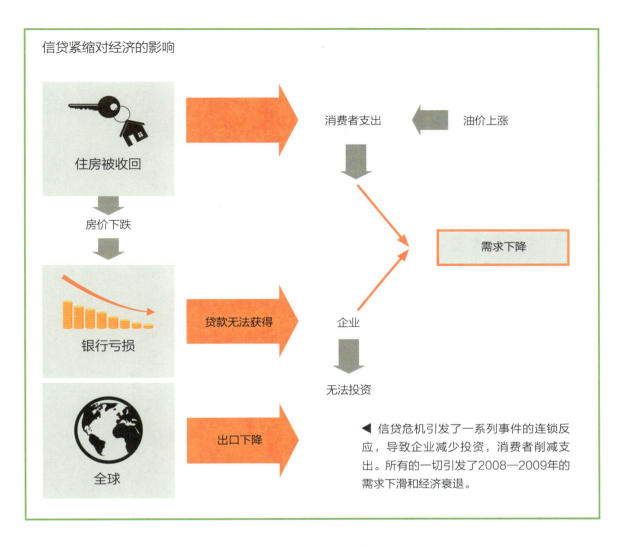

信贷紧缩对经济的影响

住房被收回

房价下跌

银行亏损

全球

消费者支出 ← 油价上涨

贷款无法获得 → 企业

出口下降

需求下降

无法投资

◀ 信贷危机引发了一系列事件的连锁反应，导致企业减少投资，消费者削减支出。所有的一切引发了2008—2009年的需求下滑和经济衰退。

银行失去了发放贷款的能力。他们需要收回贷款，而不是放贷，然而，大多数企业都要依靠贷款来进行投资。随着贷款的枯竭，企业削减了投资，由此造成经济增长率下降。

影响2007—2008年经济形势的还有其他一些因素，如信心下降、油价上涨、通货膨胀率上升等，但最大的问题是，银行贷款几近冻结，导致商业和经济活动陡然下降。这引发了自20世纪30年代以来最严重的经济衰退。

CHAPTER 9
第九章

GLOBAL ECONOMY
全球经济

全球化

全球化（*globalization*）是指各国经济相互依存、日益一体化。这反映了向"世界大同"迈进的一般趋势，国家的边界不那么重要了。

全球化也是个相当模糊的概念，支持者认为它非常有益，而反对者认为它是全球各种弊端的根源。不过，大多数人都认同全球化具有一些特点：

- 取消关税壁垒，促进贸易量增长；
- 跨越国界的劳动力迁移；
- 跨国公司的增长；
- 经济联系更加密切，引发全球性经济周期；
- 为全球变暖等经济及社会问题提供全球解决方案。

全球化并不是个全新的现象。自人类第一次从非洲迁出起，人们一直在向世界各地迁徙。马可·波罗（Marco Polo）是早期全球化的先驱，他发现了一条通往中国的贸易之路。过去五十多年来，全球化的进程毫无疑问加快了。是什么导致了全球化

跨国公司

新的通信和运输方式   贸易

生产   避税

全球供应链

劳动力迁移

◀ 全球化的方方面面

的加速？

- 自由贸易的增长。降低关税壁垒、鼓励各国之间进行贸易，是过去五十年的大趋势。

- 新兴经济体的增长。过去二三十年来，中国、印度、巴西等新兴经济体强势崛起，创造了新的出口市场，生产模式从发达国家转移到了新兴经济体。

- 科技。卫星和互联网通信实现了实时电话和视频会议，商务旅行也变得更方便、更快捷。

- 集装箱化。有时候，巨大的进步往往不被人察觉，因为它们看起来技术含量不高。但有人认为，采用标准集装箱使贸易发生了变革——其作用要超过互联网等现代科技。

全球化的批评者认为，全球化加剧了全球的经济问题和社会问题。美国经济

优 点	缺 点
• 改善贸易，增加收入 • 减少贫困，特别是东南亚地区 • 劳动力移徙，增加穷国工人的收入 • 增加收入和财富	• 自由贸易会产生不平等，不一定是好事 • 贫穷（特别是在非洲）和不平等仍然存在 • 对西方非熟练工人的工资造成下行压力 • 加剧了环境问题

学家兼诺贝尔奖获得者约瑟夫·斯蒂格利茨（Joseph Stiglitz）在《让全球化发挥作用》（*Making Globalization Work*，2006年）一书中说："全球化已经把世界各地反对全球化的人们成功地连接在了一起。美国工厂的工人发现，他们的工作受到了中国竞争者的威胁。发展中国家的农民发现，他们的工作受到了美国的玉米等作物的威胁，而这些作物享受高额补贴。"

全球化给发达国家带来的益处要多于发展中国家。例如，许多发展中国家仍旧依赖低增长的初级产品（primary goods）；与此同时，发达国家把劳动力密集型的工作外包给劳动力成本较低的国家，并由此获益。类似地，全球化造成的环境恶化，发展中国家首当其冲，但发达世界却容易从亚马孙雨林等环境敏感地区进口原材料。

全球化让跨国公司通过避税（tax avoidance）而获益。这些公司在百慕大、卢森堡这样的低税率国家注册，同时享受其运营所在国的公共服务。避税使得美国重要企业离岸账户上的现金储备大幅增长。

在发达国家，全球化也招致了批评。很多人认为，把工作外包给劳动力成本低

廉的国家，导致制造业损失了工作岗位。全球化经常被斥责为人们工资下降的原因，特别是对非熟练工人而言。

全球化真的是所有问题的根源吗？

全球化的支持者认为，全球化提高了贫穷国家人们的收入水平。外商投资增加了资本投资，创造了新的就业机会，尽管工资较低，但这些工作通常要好过自给性农业（subsistence agriculture work）。近几十年来，许多新兴经济体的生活水平有所提高，数百万人得以摆脱贫困。

的确存在不少现实的环境问题，然而，将之全部归咎为全球化是错误的。问题不在于全球化过程，而是缺乏统一的行动。可以说，这需要加强全球化，即增进全球合作和共识，以可持续的方式来管理资源。

全球化往往是全球贫困、环境恶化、失业等问题的替罪羊。然而，全球化进程是难以逆转的，即便可以逆转，全球化也无法解决全球贫困、环境恶化这些根本问题。

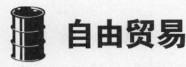 # 自由贸易

对某些经济学家来说，自由贸易是其经济哲学的基石与圣杯。在认识自由贸易的好处方面，经济学家们或多或少达成了一致。但是，自由贸易在政治上越来越不受欢迎，许多人指责自由贸易加剧了不平等、降低了生活水平。那么，为何经济学家对自由贸易普遍给予高度评价呢？

自由贸易的好处

没有贸易，各国只能自行生产所需的一切。而自由贸易使各国专注于他们具有相对优势的领域——换句话说，各国生产的产品和服务，是他们相对于其他国家最为擅长的。例如，中国的劳动密集型制造业；美国越来越专注于服务业，例如高科技的信息技术开发和金融服务。

让一个国家去生产全部消费品，是不切实际的，因为某些行业存在显著的规模经济。例如，比利时专门从事巧克力生产，并利用其出口收入来进口少量的飞机。这种专业化会带来更高的效率，因为各国能够集中精力做好少数几件事，而不是低效地做所有事。

亚当·斯密在《国富论》（1776年）一书中，把家庭经济和国家经济做了类比："每个审慎的一家之主都应奉为格言的是，若自行制作比购买成品的成本高，那就不要自行制作。"作为一家之主，不要生产所有的物品，而是应该像国家那样，专业化生产，并进口那些购买比自行生产更便宜的商品。

北美自由贸易协定

北美自由贸易协定是墨西哥、加拿大和美国之间的自由贸易协定。该协定鼓励一些美国企业把生产从美国转移到墨西哥，从而降低劳动力成本和价格，提高利润率——这对美国企业来说是个好消息。这对墨西哥的经济也是个好消息：墨西哥能够获得投资，从增长的劳动力需求中受

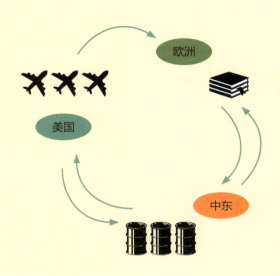

美国
欧洲
中东

1. 目前，许多食品受到关税的保护，导致消费者要付出较高的价格。降低关税会使价格下降。
2. 自由贸易促进了专业化和规模经济的扩大。这降低了成本和价格——特别是汽车制造这样的行业。
3. 为出口行业创造就业机会。
4. 创造更多的竞争、更多可供选择的商品。

益。但有人认为，这会导致美国工人失业、美国工资下降。

从积极的方面来看，美国的消费者会从墨西哥制造的低价商品中受益。这会提高美国消费者可支配收入，增加对经济体其他行业商品的购买。问题是，对其他商品需求的小幅增长并不明显，但把企业搬迁到墨西哥造成的失业却显而易见。

北美自由贸易协定提高了墨西哥工人的收入，使墨西哥中产阶级扩张，对美国出口产品的需求增加。此外，墨西哥工人工资的提高，也有助于减少从墨西哥移民到美国的人数。

也不要忘了自由贸易的消极作用。这不只是美国企业把商品生产转移到墨西哥的问题，美国还把商品出口到了北美自由贸易协定的其他缔约国。排除石油，美国对墨西哥的制造品和农副产品存在贸易顺差。由于自由贸易，一些美国工人受损；而受益的工人，其所处的行业，正是把产品出口到北美自由贸易协定缔约国的行业。

保护主义

保护主义（*protectionism*）是通过进口关税和其他措施保护国内工业不受廉价进口商品损害的政策。

保护主义和进口关税背后的动机是什么?

第一个动机是税收。在美国早期历史上，关税曾是联邦收入的主要来源。1860年，关税为美国联邦收入贡献了5300万美元（占95%）；到2010年，这一数字已降至1%。

第二个动机是保护国内就业。自由贸易意味着，一些无法与外国竞争对手竞争的企业可能会倒闭，从而导致失业，以及区域性的经济停滞。关税是保护企业和整个行业免于竞争、防止失业的一种方式。

自由贸易协定会使企业的出口增加，但与收益的增加相比，停业和裁员更加引人注目。如果进口蔬菜的价格下降10%，大多数人都不会注意到，但当人们开始进口日本汽车，导致你失业的话，你就会注意到。

在一个理想的世界里，为了补偿因自由贸易而失业的人们，我们可以帮助他们在其他行业找到有意义的工作。但是，如果对这些工人的安置和再培训不足，那么，即使整体上有净经济收益，自由贸易也会使某些工人群体的境况恶化。

保护主义的例子

1. **关税**。对进口货物征收税款（tax/levy）。十六年多来，欧盟对拉丁美洲的香蕉征收了每吨176欧元的高额关税。这被戏称为"香蕉战争"。

2. **国内补贴**。政府给予国内产业慷慨的补贴，这可视为是不公平竞争、保护主义的一种形式。例如，欧洲政府为航空业提供补贴，中国政府为汽车行业提供补贴。

3. **行政壁垒**。各种规章、繁文缛节使得外国企业很难开展贸易。为此，欧盟试图调整其内部的法律法规。

4. **配额**。对某些国家的进口数量施加限制。20世纪80年代初期，美国为了保护本国的汽车工业，一度限制日本汽车的进口。（颇具讽刺意味的是，这一限制推高了日本汽车的价格，使其利润更高了！）

幼稚产业论

幼稚产业论（*infant industry argument*）认为，发展中经济体的新兴产业需要某种形式的保护主义，它需要达到足够的规模经济后才能参与国际竞争。

自由贸易通常对发达经济体有利。一些经济学家认为，自由贸易对新兴经济体而言，是个巨大的坏消息。

假设一国在制糖方面拥有比较优势，其经济和出口的60%与糖有关。然而，围绕单一商品的经济体存在一些问题。

▲ 依赖于农产品的经济体缺乏多样性，增长空间有限。

首先，糖的价格是波动的。如果糖价下跌，经济就会受到影响。在不景气的年份里，价格下跌会导致出口收入下降、税收下降和负增长。

从长远来看，糖的需求增长可能有限。即使全球收入增加，富裕的消费者也会增加服装、汽车和计算机上的开支，而不是在给咖啡添加的糖上增加开支——对糖的需求是无弹性的。

由于上述原因，依赖制糖业的国家有充分的理由进行经济多样化，发展其他产业，哪怕其他产业目前尚不具备比较优势。例如，可以尝试发展具有较高附加值（*value added*）的新型制造业。

然而，自由贸易意味着新兴产业缺乏竞争力，很难售出商品，因为人们会购买廉价的进口商品。关税的保护为发展中国家赢得了时间，使之有机会发展竞争力不断增强的新兴产业。随着产业的日益强大，到可以利用规模经济之时，就能够开展自由贸易、取消关税壁垒。

这表明，要求处于不同发展阶段的国家一律开展自由贸易是不公平的。许多发达国家都经历了关税保护期，而禁止其他国家实施关税保护，是十分虚伪的。

美国19世纪的保护主义

1812年英美战争（结束于1815年）之后，廉价的英国进口充斥美国市场，威胁到了新兴的美国制造业。作为应对，美国国会批准了新关税，用以阻止英国进口，促进本国制造业的发展。

整个19世纪和20世纪初期，美国保留了多种进口关税。这一时期的关税保护与经济高速增长时期恰好重合。这表明，美国等如今成为发达经济体的国家，得益于其发展初期开征的关税。

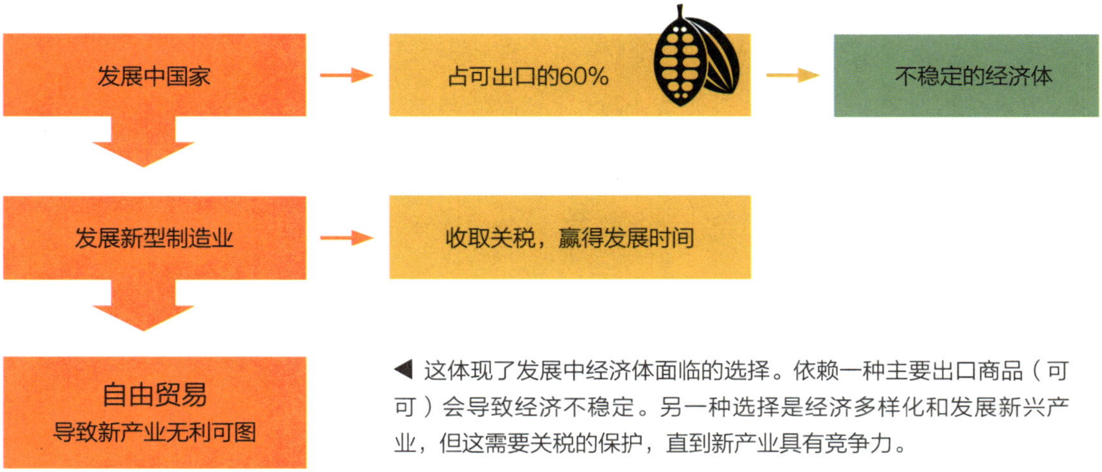

◀ 这体现了发展中经济体面临的选择。依赖一种主要出口商品（可可）会导致经济不稳定。另一种选择是经济多样化和发展新兴产业，但这需要关税的保护，直到新产业具有竞争力。

以邻为壑

以邻为壑（*beggar my neighbour*）的经济政策是指，一个国家以牺牲其他国家的利益为代价来获得优势。在重商主义时代，这意味着掠夺竞争国的黄金——一方获利，另一方受损（参见第10页，重商主义）。

在当代，以邻为壑的等价措施包括：征收关税以减少进口；牺牲外国企业的利益以帮助国内产业发展；主动贬值货币，使出口品更具竞争力，降低对外国商品的需求。

削减公司税

削减公司税也是以邻为壑的一个例子。1998—2003年，爱尔兰把企业营业收入的所得税税率从32%降到了12.5%。这次减税成功吸引了许多跨国公司，如谷歌和微软。虽然税率较低，但吸引到能够盈利的跨国公司有助于增加整体的公司税收入。削减公司税被视为21世纪初爱尔兰经济蓬勃发展的一个因素。这似乎是一项好政策——税收收入和外来投资的增加使爱尔兰从中受益，爱尔兰的企业也可以保留更多的利润进行投资。

以邻为壑

问题是，爱尔兰因税收增加而获益，美国和其他国家却因此受损，因为搬迁，谷歌和微软不用在美国和欧洲支付相对较高的税率（参见第58页，搭便车问题）。此外，其他国家也有降低税率与爱尔兰竞争的激励。过去几十年间，全球公司税税率持续下降，企业的税后利润上升，然而，所得税和销售税的补偿性上涨，增加了普通纳税人的压力。

把别国投资引入本国，并没有增加全球总体的经济福利。这只是把一国的投资

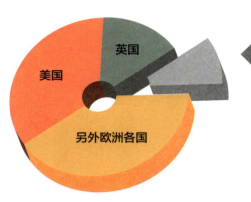

英国的低税率吸引了来自另外欧洲各国的投资

美国

英国

另外欧洲各国

◀ 较低的公司税，使投资从一国转移到了另一国。英国的获益是以损害欧洲其他各国的利益为代价的，而整体投资并未增加。这也激励其他国家，通过削减公司税来保持竞争力。

转移到了另一国——低税率国家受益，是以高税率国家受损为代价的。然而，支持者认为，削减公司税的好处之一是企业会拥有更多的留存利润，可以增加投资支出。这些投资有助于开发更好的产品，促进经济增长，然而，苹果和谷歌等跨国公司目前的很大一部分利润都是以现金形式持有的，并没有用作投资。例如，苹果公司在美国境外持有的现金储备超过2000亿美元。美国公司税的提高，会刺激企业在境外纳税。

税收上的过度竞争，说明协调全球的公司税税率存在充分的理由，否则，我们会看到个人纳税增加、企业纳税减少的趋势。

全球储蓄过剩

全球储蓄过剩（*global savings glut*）是指合意的储蓄超出期望投资的情形。从根本上说，全球的企业和个人都倾向于储蓄，而不是投资。

全球储蓄占全球GDP的份额

全球储蓄过剩的原因是：

- 发展中国家和新兴经济体（emerging economies）的经济增长。这导致新中产阶级财富增长。由于中产阶级越来越富裕，他们希望增加现金储备和储蓄。

- 人口变化。美国的婴儿潮一代开始为即将到来的退休而储蓄。发达国家和新兴经济体均出现了这种人口结构变化，全球的老龄化人口都倾向于为退休储蓄。

- 全球的不确定性。全球经济增长放缓导致投资的吸引力下降。日本、欧元区和美国等经济体的经济增长率下降。这鼓励投资者把资金投入安全资产，而不是风险较高的企业贷款。

- 科技巨头囤积现金。近年来，微软、苹果和谷歌等一批成功企业纷纷增加现金储备。这些公司虽然获利丰厚，但认为没有必要把现金储备都投资出去。

- 中国的经济政策。中国经济的快速增长带来了财富的增长。为了维持人民币的弱势，中国定期购买外国资产，尤其是美国债券，而这是储蓄的一种形式。

储蓄过剩是问题吗？

在日常生活中，储蓄被认为是件好事。但"节俭悖论"告诉我们，过度储蓄会给整个经济带来意想不到的后果（参见第126页，节俭悖论）。一些人认为，21世纪初之所以出现低利率和资产泡沫，过度储蓄至少是其中一部分原因。

21世纪的全球储蓄过剩，刺激了对各类债券的需求。这使抵押贷款公司能够轻而易举地出售以次级抵押贷款为标的的担保债务凭证（CDO，参见第266页）。这也使得利率能够人为地维持在较低水平，刺激了房价的上涨。换言之，全球储蓄过剩很可能助长了21世纪初的信贷泡沫以及随后的崩盘。

储蓄的过度需求，使得人们对政府债券有很大的需求。这降低了债券的收益率，使得政府借贷成本下降。

储蓄者的储蓄回报将会下降，因为对储蓄的高需求拉低了利率。具有讽刺意味的是，利率水平较低的部分原因是，很多人都想要储蓄。

投资的下降，导致企业把产出的更大一部分作为留存利润、股东分红或现金储备。对许多工人来说，2008—2016年间，真实工资一直停滞不前；相比之下，企业盈利和现金储蓄的增长速度均超过了实际收入的增长速度。

储蓄的上升是个喜忧参半的消息。较低的借贷成本使政府受益，但依赖储蓄利息的人们会发现，他们的收入下降了。

◀ 全球储蓄过剩的影响有：低利率、美元走强，以及资产（房产、股票和债券）价格的上涨。

欧元

欧元是在欧元区（*Eurozone area*）范围内创造单一货币的大胆尝试。目前，欧盟成员国中有19个使用欧元。

统一使用欧元的初衷是，欧洲的单一货币会增进政治和经济一体化，带来各种经济利益。这些利益包括：

- 降低交易成本。在欧洲旅行时，能在19个国家使用同一种货币，将是极大的便利。游客能够节省交易成本（参见第292页，最优货币区）。

- 稳定的汇率。欧元为欧洲各国未来的汇率提供了保障。这对需要了解未来进出口价格的企业十分有利。人们还希望，单一货币的稳定、交易成本的降低能够鼓励外国投资。例如，一家日本企业有更大的激励在欧元区内设

欧元的历史

1979年起——各国加入欧洲汇率机制（European Exchange Rate Mechanism，ERM）——这一半固定汇率制度，为单一货币打下了基础。

1992年——《马斯特里赫特条约》规定了欧洲各国加入欧元区的标准。

1999年——欧元以虚拟形式出现。

2002年——欧元纸币和硬币开始流通，取代了各国原有的货币。

2010—2012年——欧元危机——南欧各国的债券收益率上涨，出现财政危机。

立工厂，因自由贸易区而受益。

- 价格透明度。由于所有商品和服务都用欧元计价，比较欧洲各国的价格十分容易。从理论上说，这会鼓励价格竞争，对消费者来说是个好消息。

近年来，欧元区的各种问题引发了债务危机和高失业率，给欧元的优点蒙上了阴影。不过，欧盟对新加入欧盟的东欧诸国承诺：只要符合低债务、汇率稳定的标准，就可以加入欧元区。

欧元的问题

多年来，欧元似乎一切安好。然而，2008年的信贷紧缩带来了紧缩、衰退、高失业率，给欧元的运行带来了严峻的挑战。人们担忧，欧元计划完全是误入歧途。到底什么地方出了错？

人们希望欧元能够带来经济趋同（economic convergence），即各国的通货膨胀率和经济增长速度达到相似水平。但是这并未发生。南欧（西班牙、葡萄牙、希腊）诸国的通货膨胀率上升，主要原因是工资成本上涨。这意味着，西班牙和葡

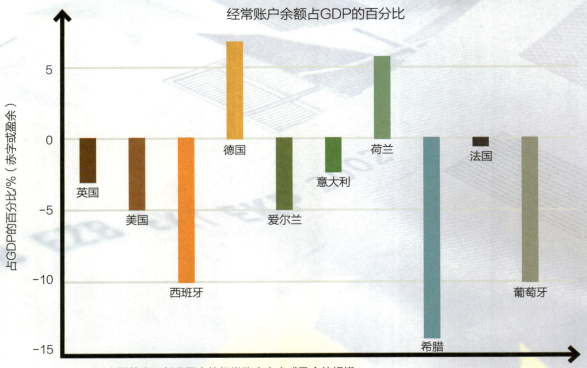

经常账户余额占GDP的百分比

▲ 上图给出了部分国家的经常账户赤字或盈余的规模。

萄牙的出口商品，要贵于德国和荷兰的同类出口商品。

这在过去并不是个问题。欧元区成立之前，西班牙的高通货膨胀率会导致西班牙比塞塔对德国马克贬值，使西班牙的竞争力得到恢复。

然而，这在欧元区不可能发生——西班牙和葡萄牙无法让货币贬值。这是欧元的全部意义所在——消除内部汇率。这样一来，西班牙和葡萄牙的商品越发缺乏竞争力，导致了创纪录的经常账户赤字。

2007年，西班牙、希腊和葡萄牙的经常账户产生了巨额赤字，达到GDP的10%以上，这是欧元区各国竞争力分化的一个指标。这表明，经济存在根本性的失衡——上述国家进口商品的价值大大超过了出口商品的价值。这与经常账户顺差（出口大于进口）较大的德国和荷兰形成了鲜明对比。

由于希腊和西班牙缺乏竞争力，其进口远大于出口。而竞争力的缺乏，导致南欧的增长放缓。

如何恢复欧元区的竞争力？

在无法贬值货币的情况下，希腊、西班牙和葡萄牙该怎样恢复其国际竞争力？

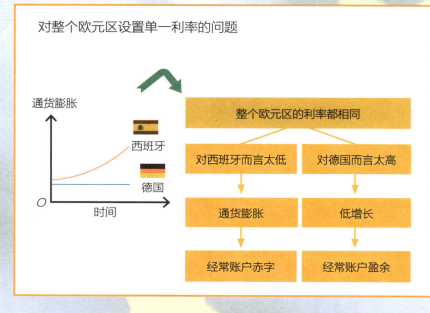

对整个欧元区设置单一利率的问题

◀ 西班牙的通货膨胀率高于德国，但二者的利率相同（整个欧元区均相同）。对西班牙来说，利率太低，这会导致通货膨胀和经常账户赤字。对德国来说，利率太高，这会导致经济低增长、经常账户顺差。各经济体的差异，导致欧元区出现了两种速度（two-speed，也作"双速"——译者注）。

答案是：降低通货膨胀和工资成本。例如，政府可以削减公共部门的工资。然而，降低工资和通货膨胀会导致经济增长下降，债务的实际价值上升。此外，通过内部贬值（internal devaluation）来恢复竞争力，可能要以数年的低增长、高失业率作为代价。

欧洲债务危机

竞争力下降、出口下滑已经够糟糕了，然而，欧元区的经济下滑还有另一个复杂情况。

欧元区西班牙、希腊和葡萄牙的中央银行，无权决定印制多少欧元。人们认为，欧元永远不会遇到流动性问题。但前提是，欧元能增强投资者信心——但事实并非如此。

投资者发现：预算赤字不断上升；最关键的是，流动性保障并不存在。因此，投资者开始抛售希腊的债券，接着是爱尔兰和西班牙的债券。这导致债券收益率迅速上升。

对爱尔兰和西班牙违约的担忧，导致投资者们抛售债券，并要求提高债券收益率。而投资者的抛售，又导致信心进一步下滑，引发了新一轮的抛售。

若政府无法向私营部门出售债券，那么就只能削减预算赤字。这意味着紧缩政策——削减政府开支、增加税收（参见第226页，紧缩政策）。但削减政府支出使经济体的需求进一步减少，导致经济增长降低（进而税收减少）。位于南欧的欧元区诸国就推行了一系列导致经济增长放缓的政策：

- 高估汇率，减少对出口商品的需求。
- 削减工资，导致消费者信心降低、支出减少。
- 财政紧缩，政府削减开支、增加税收以减少预算赤字。
- 欧洲央行不愿意推行非常规的货币政策（如量化宽松——译者注）。

这些政策共同导致了经济衰退，加剧了债务危机。高失业率、低经济增长造成税收下降，福利开支增加，因而借贷增加，对债

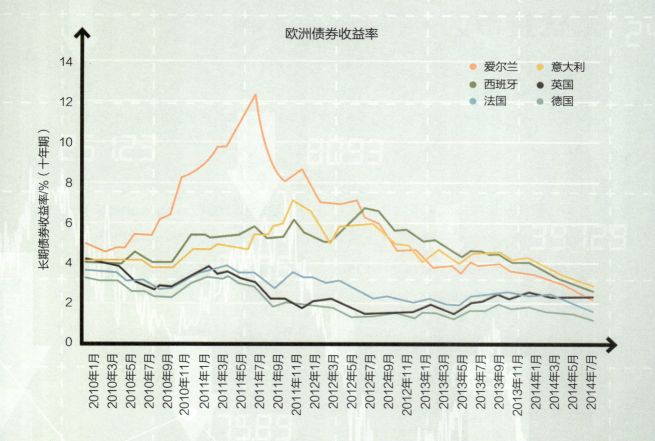

欧洲债券收益率

长期债券收益率/%（十年期）

图例：
- 爱尔兰
- 意大利
- 西班牙
- 英国
- 法国
- 德国

券收益率造成了上浮的压力。这构成了一个消极的恶性循环。

▲ 上图给出了欧洲部分国家的政府债券收益率。2010—2012年，爱尔兰、西班牙和意大利的债券收益率大幅上扬，而德国和英国债券的收益率则维持在低位。

欧洲央行转轨

2012年，欧洲央行改变了政策。对于难以出售债券的国家，欧洲央行表示愿意提供流动性。实质上，欧洲央行承诺充当最后贷款人。由于市场对欧元区债券市场的信心增强，此次干预使债券收益率下降——如果市场知道有最后贷款人存在，债券的收益率就会保持在较低水平。

最优货币区

18世纪末,美国引入了共同货币（common currency）——美元。从理论上讲,每个州都可以发行自己的货币。但显然,这会产生不必要的交易成本,损害不同州之间的经济活动。

共同货币能使经济效率最大化,因此,说"美国是个最优货币区"不无道理。同样,欧元区也有共同货币通行于19个欧洲国家。但为什么共同货币在美国运行良好,在欧元区却行不通呢?

地域流动性（geographical mobility）。如果佛罗里达州遭遇了经济衰退和高失业率,该州的工人很容易迁往纽约或西海岸去找工作。但欧洲的地域流动性较差。西班牙的失业工人要搬到德国并

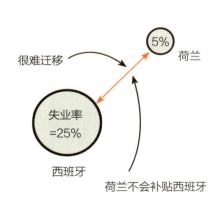

最优货币区

欧洲 | 美国

很难迁移 · 5% 荷兰

失业率 =25% 西班牙

荷兰不会补贴西班牙

很容易迁移 · 12% · 联邦基金 · 5%

▲ 与美国不同的是,欧洲并不是最优货币区。

▲ 若美国一些地区遭受地方经济衰退，当地居民可以迁往其他州，或者领取联邦基金。

不容易——他们可能不会说德语，难以找到工作和住所。

财政联盟（fiscal union）。欧元区各国并不存在财政联盟。欧元区的每个国家有各自的预算和预算赤字。这给南欧国家造成了巨大的压力，它们被迫采取紧缩政策以减少赤字。而美国既有本州的预算，也有联邦预算，向美国的贫困地区提供转移支付十分容易。对新墨西哥州等相对贫穷的州，其财政净流入（相应的联邦支出来源于联邦税收）占到了其国内生产总值（GDP）的250%以上。欧盟内部虽然有一些转移支付，但占整体GDP的份额较小。

许多经济学家认为，欧元的有效运作需要更强大的财政联盟——共同预算和共同债券。这需要强烈的政治意愿，但德国的选民恐怕不愿意补贴经济低迷的希腊。而在美国，让富裕的纽约支持中西部的"铁锈带"，有更高的政治接受度。

经济发展

经济发展是经济学的一个分支，它涉及如何有效地提高生活水平，增进社会福利，提高经济增长的质量和数量。

经济发展衡量了一系列影响生活质量的统计数据——实际GDP、死亡率、教育标准、政治自由、医疗保健和环境等。即使经济发展没有改善，GDP也有可能上升。例如，一个国家在战争上耗资靡费，其GDP或许会上升，但是人们的生活质量会显著恶化。经济发展衡量的不仅是平均收入，还要衡量增长是否带来了生活水平的显著改善。

全球不平等是个重大问题

2015年，美国的人均实际GDP为56084美元，而索马里的人均实际GDP为474美元。事实上，利比里亚、刚果、中非共和国和索马里的人均GDP都不足1000美元。这显示，全球收入存在巨大的不平等。但GDP数据并不能说明一切。发展中国家虽然收入较低，但生活成本也不高——在利比里亚，1美元收入能做的事要多于美国。不过，即便考虑货币购买力平价（purchasing power parity）的差异，这种不平等也是巨大的。

什么造成了贫困？

教育、医疗和交通方面的投资，对经济发展尤为重要。然而，若国内生产总值（GDP）较低，那么很难为这些投资融资。

要打破全球贫困的循环，我们需要一些政策来增加储蓄、投资和生存机会（参见第236页）。

净官方发展援助

政府援助属于官方援助的一种，其目的是提供优惠贷款利率，促进经济发展。对外捐助较多的国家有：

1. 美国——310.8亿美元，占GDP的0.17%
2. 英国——187.0亿美元，占GDP的0.71%
3. 德国——177.8亿美元，占GDP的0.52%
4. 日本——93.2亿美元，占GDP的0.22%
5. 法国——92.3亿美元，占GDP的0.37%
6. 瑞典——70.9亿美元，占GDP的1.40%

（欧盟——876.4亿美元）

美国是最大的对外捐助国，其捐助额虽然高达310亿美元，但只占美国GDP的0.17%。相比之下，瑞典的对外援助占GDP的1.4%。

（上述数据由经合组织发展援助委员会于2015年收集）

全球贫困

1　低储蓄

2　低投资

3　低增长

▲ 在全球贫困的循环中，低储蓄意味着低投资，低投资又会导致低增长、持续的低储蓄。

华盛顿共识

华盛顿共识（*Washington Consensus*）是指以市场为基础的一系列自由贸易政策，被国际货币基金组织（IMF）、世界银行和美国财政部所推崇。

上述金融机构认为，经济发展需要：

- 宏观经济稳定。应采用货币政策来控制通货膨胀，政府应维持较低的预算赤字。
- 自由市场。鼓励私有化，促进创新、提高效率。
- 放松管制。以开放市场促进竞争——不仅要开放内部市场，还要降低关税，促进大规模的自由贸易。
- 竞争性或浮动汇率。
- 私有化。把国有资产出售给私营部门。

对于需要国际货币基金组织（IMF）援助的国家而言，上述政策通常是获得资金的一个前提。为此，不少发展中国家同时推行通缩政策和市场自由化，双管齐下。

对华盛顿共识的批评

对华盛顿共识的主要批评是：这些政策不一定适合所有情况和所有国家——众口难调。减少通货膨胀和预算赤字，往往需要调高利率、增加税收；而这些抑制需求的政策，通常会导致经济衰退。

支持者认为，这种休克疗法往往是必要的，要改善长期经济，短痛是值得的。批评者则认为，这种做法忽视了社会问题，如失业率的上升、社会福利的削减。私有化和自由化也存在争议，因为其结果毁誉参半。例如在玻利维亚，水的私有化导致水价上涨，贫困人口更难获得水。

　　"华盛顿共识"通常与"新自由主义"这一更为宽泛的意识形态（简而言之，即笃信无约束的自由市场）联系在一起。值得注意的是，1989年创造"华盛顿共识"一词的英国经济学家约翰·威廉姆森（John Williamson）也主张，支出要向教育和公共基础设施倾斜。最初，华盛顿共识是自由市场政策和政府干预的结合，但随着时间的推移，它与自由市场方法的联系越发紧密。

国际货币基金组织（IMF）和世界银行

　　IMF这一国际组织成立于1944年，其总部设在美国华盛顿，有189个参与国。IMF主要关注国际经济的稳定。IMF可以在金融危机和国际收支危机期间，向各国家提供临时性资金。

　　世界银行这一国际组织成立于1994年，它致力于通过提供贷款、促进全球贸易及投资，达到减少全球贫困的目的。

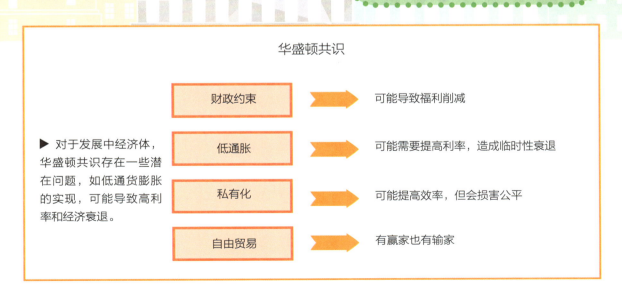

华盛顿共识

▶ 对于发展中经济体，华盛顿共识存在一些潜在问题，如低通货膨胀的实现，可能导致高利率和经济衰退。

财政约束	可能导致福利削减
低通胀	可能需要提高利率，造成临时性衰退
私有化	可能提高效率，但会损害公平
自由贸易	有赢家也有输家

丰裕悖论

为何很多自然资源（如石油和钻石）丰富的国家，其GDP和经济发展却表现不佳？这被称作"丰裕悖论"（*paradox of plenty*，也译作"富足悖论"，也称作"资源诅咒"——译者注）。

乍看之下，一个自然资源丰富的经济体理应繁荣。自然资源增加了出口和GDP，提高了税收，创造了就业机会，几乎所有的宏观经济变量都会改善。然而，拥有资源的国家会遭遇多重挑战。

通常，自然资源属于拥有垄断权的企业，普通公民只能得到顶层涓滴到底层的一小部分利益。大量的自然资源可能是国内冲突的根源，因为相互竞争的各派会为所有权而争斗不休。销售钻石等资源获得的利润，可能会用来资助正在进行的战争，这是安哥拉等非洲国家发生国内冲突的一个因素。而自然资源的开采和提炼，通常需要外国跨国公司的投资。这些公司虽然在发展中国家投资，但大部分利润会被转移到国外。

易得的财富也会引发问题

假设某个经济体发现了大量的石油。由于依靠石油工业能够轻而易举地增加税收和出口收入，经济体的其他产业会落后下去。如果你能生产石油，那么你没什么动力去让经济多样化，发展其他产业。此外，发现石油通常会导致汇率升值，从而损害其他出口行业的竞争力。

2014—2016年，石油价格急速下跌。这给俄罗斯、委内瑞拉等石油依赖国，甚至沙特阿拉伯等富裕国家，带来了严重的问题。而这些国家的经济规划，是根据一定数额的税收和石油出口收入的预期制定的。

挪威模式

自然资源的发现不一定会带来问题，也不一定会减轻贫困。一些国家（如挪威）用税收收入进行投资，改善基础设施，为未来进行储蓄。如果自然资源使用得当，并且每个人都受益，就能促进经济发展和增长。当然，如果没有自然资源，许多不发达经济体会更加贫困。

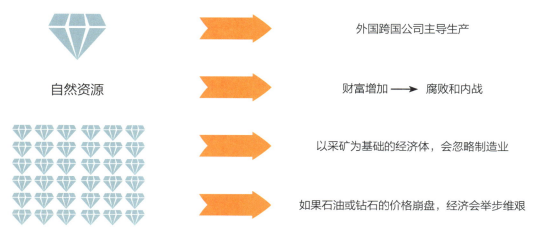

丰裕悖论

自然资源 → 外国跨国公司主导生产

财富增加 → 腐败和内战

以采矿为基础的经济体，会忽略制造业

如果石油或钻石的价格崩盘，经济会举步维艰

▲ 自相矛盾的是，大量的原料供给会给经济带来问题，为什么？换句话说，"易得之财"是福祸参半的。

打破贫困的循环

发展经济学（*development economics*）关注的是：打破贫困的循环，改善欠发达经济体的生活水平。华盛顿共识是其中一种模式。其他政策包括：

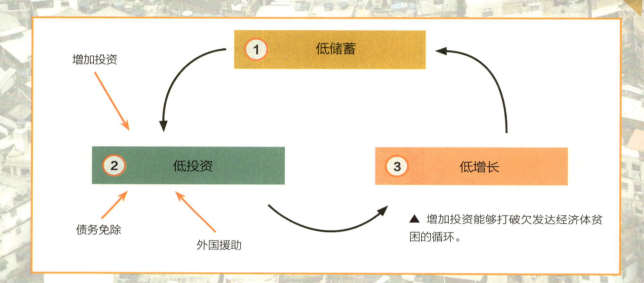

▲ 增加投资能够打破欠发达经济体贫困的循环。

免除第三世界的债务。 负债累累的欠发达经济体，往往会陷入如下的恶性循环：外汇收入中用于偿还债务的支出越来越高，用在基础设施等方面的投资越来越少。而所谓的"债务免除"（debt forgiveness）可以释放资金，用于经济发展和社会福利项目。

1996年，重债穷国（Heavily Indebted Poor Countries，HIPC）项目试图取消38个国家的债务，这些国家主要集中在非洲。据国际货币基金组织（IMF）估计，债务免除需要花费710亿美元（2007年），但这有助于消灭不可持续的债务。

外国援助。 外国援助注入的资本被用于基础设施的改善，解决了医疗、供水和教育欠佳等问题。有人认为，外国援助会产生对捐助国的依赖；或者，如果援助与捐助国的合同挂钩，那么是不合适的。不过，有针对性的适当援助，是能够改善基础设施、教育这些经济基础的。

增加来自海外的资本投资。此举能够提高生产力和收入，为工资上涨、需求增加、创造企业投资激励，带来正向的乘数效应。不过，这取决于资本投资的性质。例如，跨国公司在资源开采上投入了资金，但大部分投资并不惠及普通公民。资源的所有者虽然获益最多，但利润会被汇回跨国公司所在的发达经济体。资源丰富的发展中经济体面临的一个挑战是：如何把资源财富转化为惠及大众的教育和基础设施投资。

近年来，中国在非洲斥巨资修建了公路和铁路。即使中国撤出，改善后的公路、铁路以及资本投资，也会促进非洲的发展。

词汇表

B

被动贬值（depreciation）

市场力量导致的货币价值下降。

边际成本（marginal cost）

购买额外一单位的成本。

边际所得税（marginal income tax）

收入超过一定金额需要缴纳的所得税税率。

边际效用（marginal utility）

消费额外一单位产品带来的满足感或幸福感。

C

成本推动型通货膨胀（cost push inflation）

因生产成本上升引起的通货膨胀，如油价上涨、工资上涨等。

迟滞效应（hysteresis effect）

单一事件具有长期影响，例如失业的迟滞效应导致长期失业率上升。

初级产品（primary products）

无须任何制造工艺，直接从环境中提取的原材料，如农作物、煤炭、水。

D

道德风险（moral hazard）

因责任和成本由他人承担，导致人们去冒金融风险的情形。

F

发展中经济体（developing economies）

人均收入偏低，工业基础薄弱，医疗、教育等服务有限的经济体。

法定货币（fiat money）

政府法律规定的法定货币。通常是没有实物商品支持的纸币。

非理性繁荣（irrational exuberance）

投资者过于乐观的情形，会推高资产价格，使之高于长期价值。

负净值（negative equity）

房价下跌导致房主的抵押贷款债务高于房屋价值的情形。

负向乘数效应（negative multiplier effect）

由于连锁反应，支出下降或投资下滑会导致经济增长最终下降。

附加值（value added）

帮助制造商提高产品质量，使产品能以更高的价格售出的特性或流程。

G

GDP（Gross Domestic Product，国内生产总值）

衡量的是一个经济体中所有商品和服务的价值。

工资接受者（wage takers）

工人几乎没有选择，只能接受雇主的工资。例如，在买方垄断下（参见"买方垄断"），工人在就业上别无选择。

公平（equity）

公平、公正、平等的待遇。

供给侧经济学（supply side economics）

一套经济理论，强调通过减税、扩大劳动力市场灵活性等改革，达到提高经济效率的目的。忽视了需求侧政策的作用。

供给侧因素（supply side factors）

影响供给的因素，如劳动力的供给取决于技能资格。

国际收支（balance of payments）

一国与世界其他地区发生交易的货币记录。

国民产出（national output）

一个经济体的国民所生产的商品和服务的总量。

H

货币供给（money supply）

一国流通或存在的货币总额。

货币市场（money markets）

投资者可以获得高流动性资产，进行短期借贷的金融市场。

J

基本预算盈余（primary budget surplus）

在不计债务利息的情况下，政府存在预算盈余的情形。

基础货币（monetary base）

货币供给中流动性最高的一部分。包括中央银行的现金和银行业务存款。不包括储蓄账户上持有的资金。

交易成本（transaction costs）

进行经济交易或参与市场的成本。

金本位（gold standard）

一种货币制度，货币可以兑换成固定数量的黄金，政府保证固定的汇率。

进口关税（import tariffs）

对一国进口的商品征收的税款，会导致进口商品更昂贵。

经常转移（current transfers）

国际收支的一个项目（见"国际收支平衡"），包括非资本资产的转移，如政府援助、工人把资金汇回原籍国家等。（自2015年起，我国开始采用《国际收支和国际投资头寸手册（第六版）》。根据《手册》，"经常转移"更名为"二次收入"。——译者注）

经营收入（trading income）

公司从经营活动中获得的收入。

L

劳动分工（division of labor）

对生产过程进行拆分，使工人能够集中精力完成特定的任务。

劳动生产率（labor productivity）

每个工人在一定时间内的产出。

老年抚养比（old-age dependency ratio）

老年人占劳动年龄人口的比例。

量化宽松（quantitative easing）

中央银行购买国债或其他金融资产，由此提高经济活跃度。

零工时劳动合同（zero hour labor contracts）

不保障受雇工人的有偿工时。雇主每周可以让工人有偿工作40小时、10小时，甚至零工时。

留存收益（retained profit）

支付所有税费和成本后的利润。

流动性陷阱（liquidity trap）

向经济注入资金不能降低利率，货币政策是失效的。

M

买方垄断（monopsony）

只有一个买方的情形。例如，雇主有雇用工人的市场势力，能够支付较低的工资。

满负荷（full capacity）

经济体达到最大生产潜力，此时不存在失业。

名义工资（nominal wages）

按当前市场价格计算的工资的货币价值。

名义工资削减（nominal wage cuts）

企业发放的货币工资减少。

名义国内生产总值（nominal GDP）

不考虑通货膨胀，按当前市场价格度量的、一个经济体生产的所有商品和服务的货币价值。

名义利率（nominal interest rate）

当前的市场利率。

N

牛市（bull market）

资产价格上涨的市场。"看涨"（bulliness）是指对市场持乐观态度（参见"熊市"）。

O

欧元区（Eurozone area）

以欧元作为货币的19个欧盟国家（截至2017年）。

欧洲汇率机制（Exchange Rate Mechanism，ERM）

一种半固定汇率制度，其中，欧洲各国的货币钉住一定价值的德国马克。系欧元的前身。

P

帕累托效率（Pareto efficiency）

资源的有效配置，即在不损害至少一人利益的情况下，无法改善他人的福利。

平衡预算（balanced budget）

政府总支出等于税收收入。不存在政府借贷或盈余。

Q

潜在的效率节省（potential efficiency savings）

企业有可以削减成本、提高效率的地方。

R

热钱流动（hot money flow）

因利率变化，资金从一国流向另一国。

S

生产资料（means of production）

生产商品时需要使用的资源或工具，包括工厂和船坞。

实际GDP（real GDP）

以不变价格衡量（调整通货膨胀效应）的，一个经济体生产的所有商品和服务的价值。

实际工资（real wages）

名义工资减去通货膨胀率。实际工资体现了工资的有效购买力。

实际工资失业（real wage unemployment）

工资高于市场均衡而造成的失业；工资上涨导致对工人的需求减少。

实际汇率（real exchange rates）

汇率的有效购买力——一国的商品可以换成多少另一国的商品。

实际利率（real interest rate）

当前的市场利率减去通货膨胀率。

市场出清（market clear）

既无短缺也无过剩，供给等于需求时达到的均衡。

市场份额（market share）

市场总销售额中，一家企业所占的百分比。

市场利率（market interest rates）

市场设定的利率。

双底型衰退（double dip recession）

经济衰退（GDP下降）后出现复苏（GDP上升），但随后又出现第二次衰退（GDP下降）。

T

通货膨胀（inflation）

经济中物价上涨的速度。

W

污染（pollution）

生产的副产品（如二氧化碳）导致全球变暖、环境破坏。

无谓的福利损失（deadweight welfare loss）

因市场未能有达到社会有效产出水平，导致的经济效率损失和福利损失。

X

新兴经济体（emerging economies）

人均收入中等、工业部门不断增长、生活水平不断提高的经济体。

新政（new deal）

1933—1938年，富兰克林·D. 罗斯福（Franklin D. Roosevelt）发起的一系列干预主义经济政策。这些政策包括：对失业者的社会救助、公共工作计划以及金融改革，目的是防止未来的萧条。

熊市（bear market）

资产价格持续下跌的市场，会鼓励人们卖出。"看空"（bearishness）是指对市场持悲观态度（参见"牛市"）。

需求侧冲击（demand side shock）

导致经济总需求下降的事件，例如，丧失信心会导致人们削减开支。

需求侧因素（demand side factors）

影响需求的因素；例如，劳动力的需求取决于工人的生产力。

Y

以电子方式发行货币（electronically creating money）

中央银行增加准备金账户上的金额，本质上是颁布法令来发行货币。

银行挤兑（bank runs）

人们对银行安全性失去信心，要求取出储蓄。人们排起长队取款的景象，会促使他人也取出储蓄。

营商信心（Business confidence）

一个经济指标，用于衡量企业管理者对商业和经济状况的乐观或悲观情绪。

预算盈余（budget surplus）

政府税收大于政府支出。

中央银行（central bank）

负责管理货币政策和货币供给的国家银行，如美联储、欧洲央行、英格兰银行等。

主动贬值（devaluation）

在固定汇率制度下，政府降低货币价值的情形。

专业化（specialization）

工人熟练掌握特定的工作领域。在贸易上，指各国专注于特定的行业或产品。

资本外逃（capital flight）

资产迅速从一国移出的情形，原因有：过度担心债务违约或货币快速贬值（参见"货币贬值"）等。

资产的真实价值（real value of assets）

经通货膨胀调整后的资产价值。如果房价上涨5%，通货膨胀率为3%，那么房价的实际涨幅为5%减去3%，即2%。

Z

滞胀（stagflation）

一段时期的高通胀、低经济增长（停滞）、高失业。

索引

PICTURE CREDITS

All imagery copyright of Shutterstock, unless otherwise stated.

Every effort has been made to trace copyright holders and to obtain their permission for the use of copyright material. The publisher apologizes for any errors or omissions and would be grateful if notified of any corrections that should be incorporated in future reprints or editions of this book.

INTRODUCTION

pp.8, 10, 11, 12, 14, 16, 18, 20, 22, 25 Illustrations by 525 Limited – five-twentyfive.com

p.21 © Keystone–France/Gamma–Keystone/ Getty Images

CHAPTER 1

pp.28, 29, 30, 33, 35, 36, 41, 45, 47, 49, 51 Illustrations by 525 Limited – five-twentyfive.com

pp.34 – 5 photo © Brooke Larke/ Unsplash.com

p.40 © Bettmann/Getty images

CHAPTER 2

pp.45, 55, 57, 58, 61, 62, 64, 67, 68, 69, 70 Illustrations by 525 Limited – five-twentyfive.com

CHAPTER 3

pp.75, 78, 81, 83, 84, 87, 94 Illustrations by 525 Limited – five–twentyfive.com

p.77 © NurPhoto/Getty Images

CHAPTER 4

pp.100, 101, 102, 103, 105, 106, 108, 110, 114, 117, 119, 121, 122, 123 Illustrations by 525 Limited – five–twentyfive.com

p.120 © Bettmann/Getty Images

CHAPTER 5

pp.126, 129, 131, 132, 134, 135, 136, 138, 140, 142, 148, 151, 152 Illustrations by 525 Limited – five–twentyfive.com

p.127 © Hulton Deutsch/Corbis Historical/ Getty Images